2012 京津卷（含北京 天津）

中原地产红皮书

CENTALINE PROPERTY REDBOOK

中原集团研究中心 著
北京中原市场研究部
天津中原投资顾问部

中国建筑工业出版社

内容提要

本书以第一手的数据资料及调研资料，全面而系统地介绍了2011年全年和2012年1—8月北京、天津房地产市场的整体概况，以及政策环境、行业格局、土地市场、住宅市场、写字楼市场、商铺市场等各个细分市场的发展与变化。此外，本书对京、津房地产市场在此期间的几个热点专题进行了着重分析，并对2012年第4季度以及2013年上半年京、津地产市场进行了预测。其中热点专题包括北京“刚需”青睐的住宅类分析、北京地王销售情况分析、北京大兴区市场分析、低密度独栋办公楼发展趋势分析、公共租赁住房分析、天津河东区价值分析、天津工业地产发展研究、天津商业的社区化分析等。本书可对房地产专业人员分析研究市场环境、洞悉市场热点起到借鉴作用，对普通大众的投资置业行为也具有较强的指导意义。

序一

乍暖还寒 谨慎乐观

2012年上半年世界经济依然在复苏中艰难前行。受欧债危机蔓延等影响，发达国家经济增长乏力，新兴经济体增速回落。在此背景下，虽然我国经济运行总体平稳，但下行压力仍然较大，低增长与低通胀为宽松的财政货币政策提供了较大的空间，预计下半年在“稳增长”预调微调政策的实施下，我国经济有望逐步企稳回升。

北京房地产市场受传统两节的影响，1—2月成交量步入低谷，3月份开始成交量出现稳步增长，5—7月成交量明显上升，虽然尚未放松的限购及限贷政策依然抑制着投资性需求，但积蓄已久的刚性需求开始大量释放，成交量的增长对价格的支撑作用也逐步显现，不少楼盘的房价开始止跌回升，买涨不买跌的心理又激发更多的购房者入市抢盘。另外，前7个月3次下调存款准备金率，以及1个月间的2次降息不仅使银行的流动性得到较大的改善，也为消费者增加了购买的信心。由于下半年继续降息、下调存款准备金率的可能性依然很大，楼市信贷资金将明显好转，预计下半年的市场成交量将会超过上半年，全年的整体成交量有望超过去年。

即将到来的2013年对于全球经济将是非常关键的一年，欧债危机能否得到遏制、发达国家的经济能否出现好转，对我国经济发展会产生一定的影响，我国政府将可能继续实行扩内需、稳增长、促转型等政策措施。由于房地产市场的调控效果与政府的预期一直存在着差距，因而预计2013年对房地产业市场的宏观调控还将继续，限购及限贷政策依然不会放松。但如果未来一段时期不再出台更加严厉的调控政策，那么2013年的成交量或将在2012年回暖的基础上继续小幅上升。虽然2012年的成交量回暖为市场带来了信心，但我们应该看到这轮成交量增长主要由刚需所拉动，由于针对投资性需求的限购与限贷政策一直没有任何放松，虽然有少量投资需求可能通过其他渠道完成投资，但大量投资需求长期受到抑制难以释放，仅靠刚需尚难支撑楼市成交量的长期持续上升和全面复苏。房价在经历政策持续高压下已逐步回归理性，部分房产的投资价值重现，因而未来房价再度下跌的可能性较小，但大幅上涨的可能性也不大。开发商在定价策略上依然会比较谨慎，一旦房价出现暴涨迹象，可能会引发更加严厉的打压政策出台。总之，我们以谨慎乐观的心态期待2013年的房地产市场继续稳定增长，重现昔日繁荣。

转瞬之间，中原地产红皮书已问世7载。7年来，中原人一直在通过不懈地努力和探索，将整个楼市发展的变化客观、详实地呈现给广大读者。新的一期红皮书又在结构和内容上有所突破和创新，在延续全面准确的宏观、微观数据基础上，使市场分析与预测更加深入到位，实用性与可读性更强，希望能够继续得到广大读者喜爱和支持。

北京中原董事总经理

2012年9月

序二

稳步中前进的2012

2011年，通过货币、信贷、税收、房地产行政措施、保障性住房的管理等多重严厉政策，中国房地产迎来了冬天，艰难地走过了风雨飘摇的一年。2012年，房地产市场以整体调控从紧，逐步小幅放松为主要基调。在政府多次强调调控不放松的背景下，房地产的调整政策也逐渐转向长效地产调控。进入5月、6月以来，在金融和信贷方面，迎来了今年的第2次准备金率下调和存款利率下调，无疑也是房地产市场进入春天的讯息。虽然对于每年地产人都翘首以盼的“金九银十”的旺销场面并未出现。但总体来说，2012年楼市迎来了冬天后的第一丝春意。

2013年，楼市的整体方向将以市场更加稳健、成交量逐步回升为整体走势。但是面对未可预知的未来，我们仍需保持理性面对这个日趋成熟的房地产市场。 就像我们每年都推出的红皮书一样，稳扎稳打、谨慎、仔细地分析市场走势，客观对待市场发展态势！

中原的红皮书是一本2006年创刊，至今发行已有7载的刊物。7年间，负责刊物的团队一直本着专业、全面、精准的撰稿原则，不断充实、不断完善。经过几年的发展，红皮书已经收录了全国40多个重点城市的房地产发展概况、15个大城市的市场发展深度分析；除辐射范围广外、涵盖面也十分宽泛。各类业态的相关专题性报告，更是为众多的房地产开发企业、代理企业以及房地产从业人员提供了精准的数据支持，是一套普遍得到认可的房地产专业解析型实用刊物。有着非常高的参考及借鉴价值！借此平台，希望广大读者通过此刊的阅读能对目前的房地产市场概况及动态有着较为全面的了解，也预祝中原红皮书越办越好！

天津中原董事总经理

2012年9月

目录

城市

楼事

附录
图表目录

插图目录

表格目录

城市 Market
京津

京津

第 1 章 政策筑底：调控接近尾声“微调”风生水起

2011 年，中央政府出台一系列严厉的房地产调控政策。“限购令”、“限贷令”从一线城市迅速扩展至二、三线城市，使得全国处于房地产调控政策高压之下。持续一年之久的“双限令”在严重打击房地产投机和投资需求之后，同时挤出部分有效购房需求，包括市场上一大批“改善型”和“刚性自住”需求。2011 年北京全年存量房过户成交仅 10 万余套，不及 2009 年时的一半，市场呈现低迷之态。

2012 年第 1 季度，国内房地产市场延续 2011 年的颓势，出现量价齐降局面。伴随着经济状况逐步下滑，房地产行业乃至上下游 50 多个行业一蹶不振。具体表现在：自 2012 年以来，汇丰中国制造业 PMI 指数始终处于“荣枯线”以下。大批房地产关联业被推上风口浪尖，正处于重新抉择之时。

随着 2012 年中央提出“稳增长”口号，房地产市场“政策微调”已成为 2012 年热门“名词”。随着各地信贷政策有所放松，消费者购房信心逐步恢复，促使房地产市场自 2012 年 3 月逐步“回暖”。也就在这个当口，市场“底部”开始显现，“筑底”似乎已经成为当前房地产市场各类物业“崛起”的典型特征。预计 2013 年国内房地产市场将逐步企稳，或呈现“回升”态势。

1.1 新招频繁出台 调控屡次加码

自 2010 年中央实施楼市调控政策以来，2011 年期间不断加码。尽管如此，楼市调控的效果直至 2011 年下半年才开始显现。作为一线城市的北京，同样经历了有史以来最严厉的政策调控。

2011 年可以说是国家楼市调控政策出台最为集中、最为严厉、最为持久的一年，北京房地产市场被称之为典型的“政策城市”。期间，几乎每月都有重磅调控政策出台，政府收紧银根、抑制通胀的信号非常强烈。

2011 年上半年，央行以每月一次的频率上调准备金率，连续达到 6 次之多，最高达到 21.5%。此举严重影响开发商的融资进程，继而严重影响开发商对未来市场投资的预期。最终，部分开发商不得不采取低价出售楼盘的办法回笼资金，以解“资金链”断裂之困境。

2011 年针对房地产市场所采取的深化型调控政策——“国八条”，“京十五条”等相继出台；12 月 10 日开始执行“放宽普通住宅标准和上调最低计税价格”新颁布的政策等，均对北京房地产市场带来深远的影响。

2011 年是北京出台关于保障房政策最密集以及力度最大的一年。当年，北京开始大力推进保障性住房建设，规模达到 20 万套以上。

2011 年 5 月 13 日国土资源部下发《关于坚持和完善土地招标拍卖挂牌出让制度的意见》一文。该意见规定：要以挂牌或拍卖方式出让商品住房用地，其中一定要拿出一定比例的土地面积配建保障性住房。据北京市土地整理储备中心数据显示，2011 年 80% 住宅用地配建保障性住房。

直到 2012 年上半年，中央政府始终不断强调房地产市场调控“不放松”的意向。不久，因为整个国家经济发展明显降速，政策面开始偏向“稳增长”。自 2012 年 3 月开始，各地政府部门纷纷实施房地产市场“微调”政策，楼市出现调控之后首次“回暖”迹象。

1.2 信贷明显松动 需求开始释放

2012 年以来，在中央政府关于楼市的有关“宽松”信号暗示下，各地政府“微调”政策此起彼伏。其中主要涉及放宽“限购”范围、房贷利率优惠、拓展“普通商品房”标准、土地出让降低底价、缓解开发商资金压力等，几乎每一个“新政”都在全国引起轩然大波。

2011 年底至 2012 年上半年，央行连续 3 次下调存款准备金率，并于 2012 年 6 月 8 日、7 月 6 日相隔不到一个月连续 2 次实施降息举措。央行加速流动性的释放，对市场采取相对宽松的信贷政策，使得楼市出现“松动”的预期。

从 2012 年 3 月起，北京开始将首套房的信贷从之前的基准利率下调至 9 折，4 月更是下调至 85 折。这一明显的宽松举措促使市场出现两大效应：一是购房者对后市产生乐观的预期；二是使得居民购房按揭贷款能力明显提高，还贷成本明显下降。

然而，松动和涨价形成极其对立的矛盾。如何平衡“稳增长”与“严防房价上涨”之间的关系，已成为整个 2012 年是否进一步实施楼市调控的“分水岭”。

1.3 基本政策未变 微调逐渐增加

虽然目前各地楼市“反弹”力度还在可控范围之内，但是一旦“反弹”过度，中央实施楼市调控的公信力将会受到影响。对此，中央对楼市坚决实施调控的决心非常之大。在 7、8 月各地方政府连续出现 15 次的“辟谣”之举，再次表明中央层面对楼市调控政策决不松动的立场。

在各地楼市“微调”政策风生水起之时，有一条“底线”是无论如何不能触碰的，那就是“限购”。早在 2012 年 6 月起，国家多个部委反复重申：坚持房地产调控政策不动；而住建部更是明确表态：将会同有关部门继续密切关注各地执行楼市调控政策的情况。一旦地方政府出台所谓“宽松”、“微调”举措，中央就立即予以制止或纠正。

2012 年 7—8 月期间，中央派出督查组调查各地楼市的具体执行情况，目的就是重申楼市调控的基本底线不能触碰。中央领导近日一再强调，当前房地产市场调控已取得一定成效，但仍处于关键时期。要坚决遏制市场房价过快上涨的势头，进一步巩固楼市调控的成果。

1.4 房产税增试点 存量房受波及

在上海和重庆试点房产税征收的基础上，近期房产税将进一步扩大试点的声音越来越大。作为国内楼市又一个严厉的调控手段，房产税政策将成为国内楼市发生大变革的“杀手锏”。

目前实施的“限购”政策短期内看来不大可能取消。但是，这项政策毕竟是一种非市场化手段，从长远来看必定会消失。因此，房产税扩大试点之举措必然会实施，北京作为一线城市，其房产税政策的一举一动将更令全国所瞩目。

一旦房产税试点增加，对多套房拥有者的心理影响将非常大，也有可能给市场带来大量的存量供给。预期后市特别是非普通住宅市场将可能继续有税费等调控政策出台。

1.5 保障房缓解刚需 首套房利率宽松

目前，大量保障房以及中小套型的普通商品房建设正在逐步改变北京市场化的供需结构，最主要的就是开始缓解低收入人群的居住需求矛盾。与此同时，对于大批中等收入的“夹心层”人群来说，目前因受制于严控贷款的相关政策，短期内难以改善自身的居住条件。

事实上，政府已经意识到楼市“改善型”对象的需求。未来一段时期，调控方向将是针对首套房购房者的“微调”举措，即下调首套房贷利率。此种定向宽松政策，将降低“改善型”置业人群的入市难度，促使北京楼市供求结构逐步趋于合理。

第 2 章
土地筑底：供需胶着发展 郊区颇具可待

2011 年北京限购政策执行之后，住宅市场受到极大冲击，随着调控的不断深入，土地市场也开始受到波及。2011 年北京新建住宅市场成交量大幅下降，各大房企受库存及资金压力，拿地愈发谨慎。进入 2012 年，北京土地市场几乎跌至冰点。据统计，2012 年 5 月北京土地出让金不足亿元，是近 3 年以来出让金额最低的 1 个月。

为此，北京在 2011 年末开始放宽土地市场的出让条件，包括放出一批优质地块、取消以往拿地时必备的造配建房的条件、调低土地出让起始价等，借此优惠方式刺激促使土地快速成交。自 2012 年 3 月起，北京住宅市场逐步回暖，也推动土地市场“筑底”回升之势。

2.1 同比降幅再度扩大 “地王”重现逐步回暖

2011 年北京市土地市场共成交地块 249 宗，土地出让总面积为 1961.17 万 m^2，同比下降 34.78%。土地市场持续低迷的主要原因是，2011 年北京住宅市场调控效果明显，各大房企库存压力骤增，拿地热情冷却。同时政府对土地市场调控不断深入，“限地价、竞房价”等措施不断出台，导致土地市场观望情绪浓厚。2012 年 1—7 月北京土地市场共成交地块 88 宗，出让总面积为 542.36 万 m^2，同比下降 50.43%。

土地市场持续低迷导致政府财政压力不断增加，迫使政府改变以往先推缺乏优势地块的模式。特别是开始全力推出一批坐落在市郊的优质地块，如东城区香河园居住用地、海淀区万柳居住用地等。

鉴于上述地块拥有一定有利条件，突然唤起开发商的拿地热情。尤其是 2012 年 7 月成交的海淀区万柳居住用地，该地块是以 40.94% 高溢价率成交。不仅成为 2012 年北京土地市场的最新“地王”，而且成为土地市场逐步回暖的开端。

图 2-1 北京市土地市场成交宗数及面积走势（2011—2012 年）

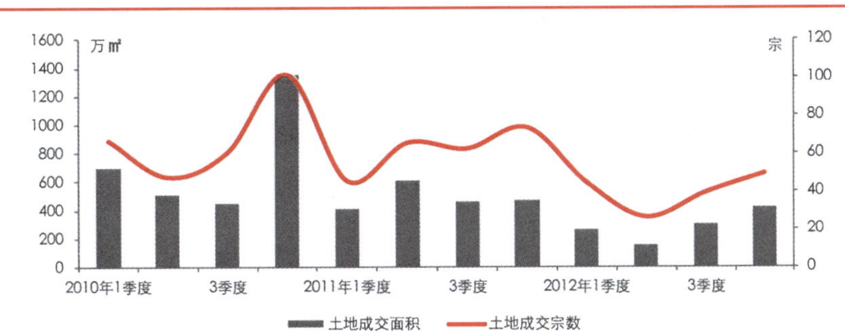

数据来源：北京中原市场研究部

2.2 遭遇历史 3 年最低 全年难续千亿成交

2011 年，北京土地出让金额共计 1055.14 亿元，创造了历史第 2 个千亿年成交。但是，这个数据同比却减少了约 4 成。2012 年 1—7 月土地出让金共计 238.5 亿元，下降幅度明显扩大，同比降幅达 58.75%，其中 2012 年 5 月仅成交 3 宗工业用地，土地出让金不足亿元，北京土地市场可谓彻底跌入冰点。

2012 年 1-6 月，北京月度土地出让金始终保持低位徘徊，绝大多数地块为底价成交，即使个别地块受热捧也难以挽回土地市场跌入谷底的颓势。直到 7 月，北京土地市场终于走上回暖之路。政府开始接连推出优质地块，且开发商拿地热情明显回升，多个地块溢价成交。

可以预见，2012 年下半年调控政策基调难言放松，开发商依旧背负高库存、资金周转难双重压力，拿地仍将比较谨慎。2012 年下半年土地出让金将逐步回升，但从全年来看，土地市场收入仍将继续下调，预计难以突破千亿。

图 2-2 北京市土地出让金及环比走势（2011—2012 年）

注：2012 年 8~12 月数值为估值
数据来源：北京中原市场研究部

2.3 郊区化成遇冷主因 优质地块仍受追捧

进入 2012 年后，北京土地市场持续低迷的态势使得经营性用地持续遇冷，甚至多个月份遭遇零成交的尴尬。原因不仅是受住宅市场冷清及开发商拿地热情冷却的影响，更主要的是经营性用地中优质地块稀缺。2012 年多个原先用“地王”天价获得土地后进行开发的楼盘，入市后表现大都不尽如人意，迫使开发商不敢再盲目拿地。

2012 年下半年土地市场虽逐步回暖，但土地供应的郊区化仍将进一步扩大，如果没有优质的经营性用地入市，房企拿地仍将非常谨慎，联合拿地的可能性会持续增加。

图 2-3 北京市土地市场经营性用地占比走势（2011—2012 年）

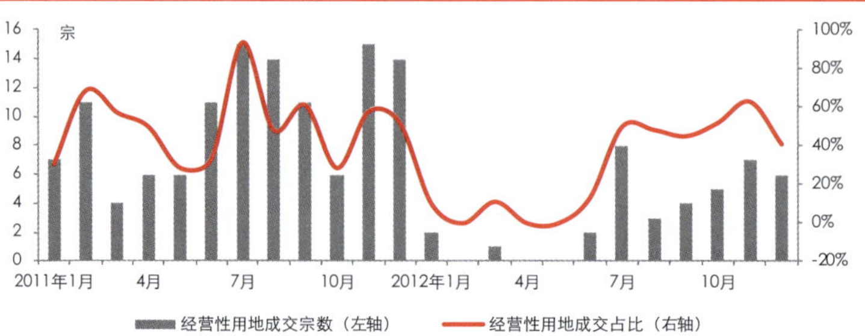

注：2012 年 8—12 月数值为估值
数据来源：北京中原市场研究部

城市 Market
楼事 Story
数据 Data

2.4 楼面地价有所回升 多个区县降幅缩小

2011 年大型房企拿地呈现以下 2 个特点：一是拿地挑肥拣瘦；二是楼面地价下跌明显。

当年由于政府推出的地块大都位居郊区，地理位置相对较偏，故使得大型房企拿地的选择性十分强烈，拿地所得到的楼面地价也呈下降走势。统计表明，2011 年北京住宅类用地整体楼面地价为 5088 元 /m^2，同比下降 30.52%。譬如，2011 年朝阳区住宅用地楼面地价为 8701 元 /m^2，同比下降 41.83%；海淀区楼面地为 6023 元 /m^2，同比下降 48.95%。2011 年，北京除怀柔区楼面地价微有上涨外，各城区楼面地均出现下降。

2012 年 1—7 月北京总体楼面地价停止下跌，反呈上涨趋势，原因主要是政府推出多个优质地块。2012 年 1—7 月北京全市楼面地价为 6435 元 /m^2，同比上涨 26.47%。其中，海淀区楼面地价上涨幅度最大，达 461.70%；朝阳及门头沟楼面地价同比也同样呈上涨态势，其余多个区县楼面地价同比则有所下降，但是降幅收窄。

北京市及各区县住宅用地楼面地价列表（2010—2012 年 7 月） 表 2-1

区域	2010 年楼面地价（元 /m^2）	2011 年楼面地价（元 /m^2）	2012 年 1—7 月楼面地价（元 /m^2）	2011 年同比	2012 年 1—7 月同比
大兴	8050	5867	4916	-27.12%	-16.21%
海淀	11798	6023	33831	-48.95%	461.70%
朝阳	14957	8701	12523	-41.83%	43.93%
东城	—	—	25749	—	—
通州	6963	4273	4159	-38.63%	-2.67%
房山	5052	4345	4043	-13.99%	-6.95%
门头沟	——	6168	6657	—	7.93%
平谷	5404	3488	1481	-35.46%	-57.54%
丰台	11418	6934	—	-39.27%	—
顺义	4925	3670	—	-25.48%	—
昌平	7213	5185	—	-28.12%	—
怀柔	2559	2912	—	13.79%	—
延庆	1190	872	—	-26.72%	—
密云	3225	2082	—	-35.44%	—
石景山	7062	—	—	—	—
全市	7323	5088	6435	-30.52%	26.47%

数据来源：北京中原市场研究部

2.5 土地供应缺口巨大 明年市场趋于活跃

未来2年北京土地市场供应缺口越来越大，预计达到1000万m^2。剔除2008年及2011年楼市实施宏观调控影响的因素，正常年份土地市场需求量在1000~1500万m^2之间。而目前情况是，北京土地市场2年的供应量仅能满足1年需求。如果北京土地市场成交量继续维持2012年的平均水平，土地供应缺口可能要超过1500万m^2。

因近年来北京城市的总体规划将重点放在新城的开发建设上，故未来北京11个新城将成为2013年整个城市重点发展区域。在此背景下，上述区域的土地市场必定走向活跃。特别是近几年北京经济发展重点正在向南城倾斜，因此，大兴、房山等区域将成为土地市场供应热点。

2.6 明年调控仍将不放松 保障房建设持续升温

不久前，国土部出台《关于加强房地产用地供应和监管有关问题的通知》，《通知》要求北京要确保一定量的保障性住房土地供应总量。《通知》强调，保障房、棚户改造和自住型中小套型商品房建房用地不得低于住房建设用地供应总量的70%。

2011—2012年期间，尽管北京已经完成大批保障房的建设任务，但是未来几年的保障房任务依然比较繁重。随着楼市调控政策的逐步落实，未来保障性住房用地供应将会继续增大。2012年，由于北京土地市场出让金收入大幅度减少。迫于财政压力政府部门可能陆续放出部分优质地块，这在一定程度上将会缓解土地出让金下降的压力。

预计2013年北京楼市调控政策仍将不会放松，由此房企的销售压力不减、资金回笼乏力，故房企拿地仍将比较谨慎。预期2013年北京土地市场的出让金收入很可能会继续下调，难以突破千亿。

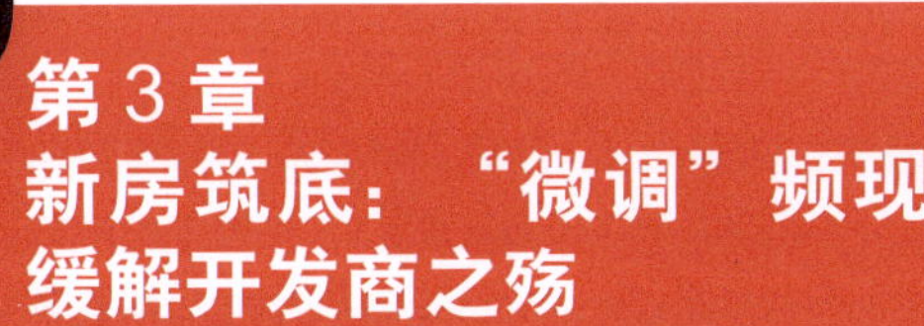

第 3 章 新房筑底：“微调”频现缓解开发商之殇

2010 年实施的房地产市场调控政策，对抑制房价过快上涨已取得显著的成果。尤其是 2011 年 1 月底推出的“限购”、“限贷”政策，致使北京房地产市场发生了根本性的的变化。主要表现在新建商品住宅市场的投机者被挤出，首次购房者开始进入市场。根据北京住建委公布的数据，其中 9 成购房者是首次购房。

进入 2012 年，受国际经济危机和国内经济增速放缓的影响，国内消费价格指数持续下滑。为了提振国内经济走出困境，政府采取一系列举措，包括下调准备金率、利率、逆向回购等，释放流动性。由于房地产业是整体经济的重要支柱，政府开始放宽首套房的进入门槛，北京楼市终于在 2012 年开始“筑底”回升。

3.1 供需关系逆转 开发商收紧一线城市投资

在决策层对楼市持续严厉调控形势下，北京楼市 2011 年期间供大于求现象十分严重。2011 年北京新建商品住宅预售供应总量为 812.72 万 m^2，而全年房地产开发投资总额为 3036.33 亿元，同比上升 10.1%。而北京同期的新建商品住宅成交面积仅为 547.22 万 m^2。

住宅严重的供大于求现象直接推高了库存量，而高存量也危及到开发商“资金链”的健康运行。2011 年北京实施的楼市“限购”政策，确实将房地产投机需求挤出了住宅市场，但是同时也不可避免的“误伤”了部分刚需购房者。于是，开发商逐步转换策略，控制在北京等一线城市的房地产开发规模，住宅供应量开始收缩。

2012 年 1—7 月北京新建商品住宅预售供应量为 388.06 万 m^2，该数据略超过 2011 年供应水平。鉴于开发商的投资热情转向二、三线城市，上半年土地市场成交低迷，北京市场未来可能面临市场住宅供应量萎缩的尴尬局面。

图 3-1 北京市新建商品住宅预售供应情况（2011—2012 年）

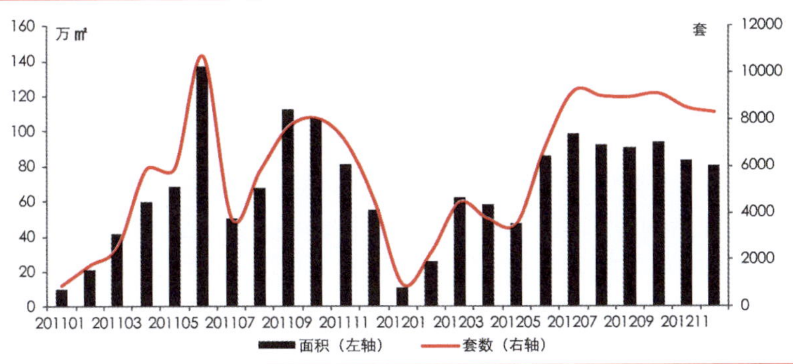

注：2012 年 8 — 12 月数值为估值

数据来源：北京中原市场研究部

3.2 以价换量打破僵局 成交筑底回升

对于北京购房者来说，2011 年实施的“双限”政策对他们造成了很大影响。在“限购”方面北京规定：居民家庭限购 2 套住宅，外地市居民须持有连续 5 年及以上社保证明或收入证明承诺购买 1 套住宅。在“限贷”方面，随着流动性的收紧，包括首套房贷在内的贷款利率连续上调，大大增加了购房成本。尤其是外地居民需住满 5 年的规定，使得大批“刚需”购房者被拦在门外。

上述状况对开发商也是一个严重的打击，他们在苦叹市场艰难的同时，也深谙降价促销是销售成功的关键。根据北京中原市场研究部统计，到 2011 年底，北京共有 116 个楼盘项目是降价销售。以远洋地产为例，该公司首开“常青藤”等楼盘项目试水降价，结果取得出乎意料的良好成绩。开发商看到了突破市场困境的一丝希望，随着更多楼盘加入降价队伍，楼市僵局被打破。

2012 年“两会”后，中央明确房贷要向首套“刚需”家庭倾斜。随着 5—6 月间央行 2 次下调银行贷款利率，直接提升了购房者的首次支付能力，也提振了购房者的楼市信心，这也是北京 6、7 月住宅市场屡创单月成交新高的原因。

2012 年上半年北京新建商品住宅预售成交面积达到 333.6 万 m^2，同比增加 21%。下半年市场整体仍呈上升态势。预计“金九银十”将会形成一波楼盘销售和成交的小高潮。

图 3-2 北京市新建商品住宅成交情况（2011—2012 年）

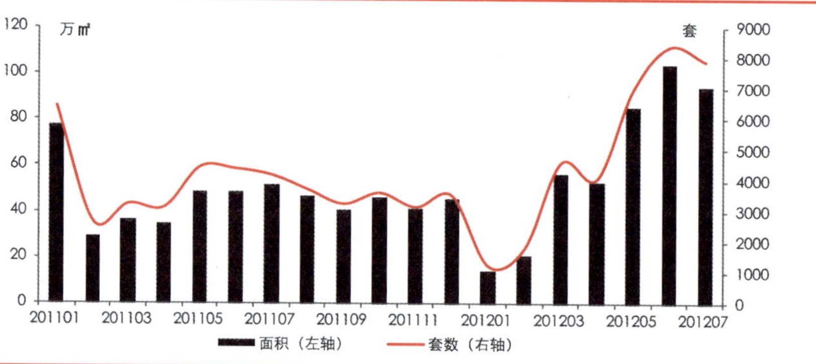

注：2012 年 8~12 月数值为估值
数据来源：北京中原市场研究部

3.3 政策促价格现底部 需求结构致价平稳

2011 年北京市新建商品住宅成交价格为 21314 元 /m^2，同比上涨 8.2%，这个涨幅是 2005 年以来的最低涨幅。随着年末降价促销楼盘的增多，北京新建住宅价格初步实现理性回归。2012 年 1 月新建商品住宅市场成交均价仅为 18288 元 /m^2，达到近一段时间房价的“底部”。之后几个月，北京新房价格也一直维持在 20000 元 /m^2 左右。从房价走势上可以看出，北京房价正在筑底回升。

这一阶段的购房主体是大批首次置业的“刚需”家庭。购买的楼盘主要集中在五环外地区，也有通州、大兴、昌平、房山区等北京边缘地区；购房产品主要是低单价、低总价的二、三居户型房源。产品结构也造成了 2012 年北京新建商品住宅成交均价不高。

图 3-3 北京市新建商品住宅成交价格走势（2011—2012 年）

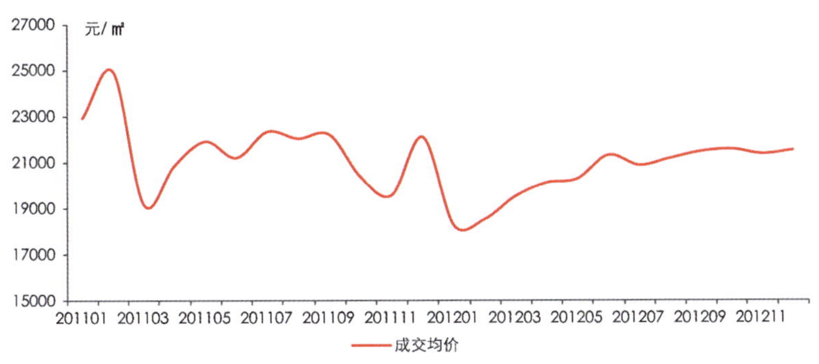

注：2012 年 8~12 月数值为估值
数据来源：北京中原市场研究部

3.4 明年成交量继续回升 房价有望平稳上行

2011 年，北京销售商品住宅面积创造了近 10 年来最低成交记录；2012 年，鉴于“限购”政策持续进行，北京楼市低迷状况依旧。但是，随着政策的松动，前期积压的刚需客户在 3 月集中入市，市场成交量有所回升。随着市场整体回暖，购房者对市场的预期开始出现变化，2012 年上半年北京楼市住宅成交量明显增加，进入下半年，随着传统销售旺季的到来，楼市住宅成交量预计将高于上半年。

我们预测：2013 年北京楼市住宅成交量有望超过 2012 年。特别是郊区楼市供应量将会大增，在全市供应量的占比份额将继续达到历史新高。在库存积压的情况下，郊区项目房价大涨的可能性不大，而五环内房价上涨的幅度会明显超过郊区。

第 4 章 二手房筑底：政策以大局为重 市场终筑底回升

近 2 年，北京二手房市场就像坐“过山车”一般大起大落。2011 年，央行接连上调存款准备金率并频频加息。就在此时，国家出台了针对楼市最为严苛的调控政策——“国八条”。紧接着，北京出台“京十五条”，再次为楼市加上一道“紧箍咒”。到了年底，北京市地税局又大幅调高了二手房交易计税价格，从而促使二手房市场交易成本陡增，进一步挤压了投资者的获益空间。2011 年从货币政策到财政政策，从交易环节到持有环节，二手房市场被套上了“紧箍咒”。

2012 年，受外围整体经济低迷不振的影响，中国经济也受到较大影响。此时，中央及时调整调控策略，目标是从“抑通胀”转为“保增长”。在此形势下，货币政策出现松动。这些措施政策对楼市中的刚性需求给予了支持。市场开始复苏，成交量、价纷纷上调，市场在 1 月筑底，3 月回暖。全年呈现成交量稳步上升并在较高位徘徊的格局，而价格在各级政府的高度关注和重视下，预计小幅上涨后趋于稳定。

为了防止房价出现 2009 年时的快速反弹，楼市复苏的尺度受到严密监控，2012 年 7-8 月国务院督查组对全国 16 个省区市进行了专项督察。中央强调：如果房价上涨过快，不排除出台更严厉的楼市调控政策。在全球经济疲软，中国经济增速逐步放缓的大趋势下，预计2013年二手房的成交主体仍为刚需群体，而投机投资性需求将被继续抑制，成交量会较 2012 年有所放大，而价格则小幅上扬，二手房市场将好于 2012 年。

图 4-1 北京市二手住宅成交量及价格走势图（2009—2012 年）

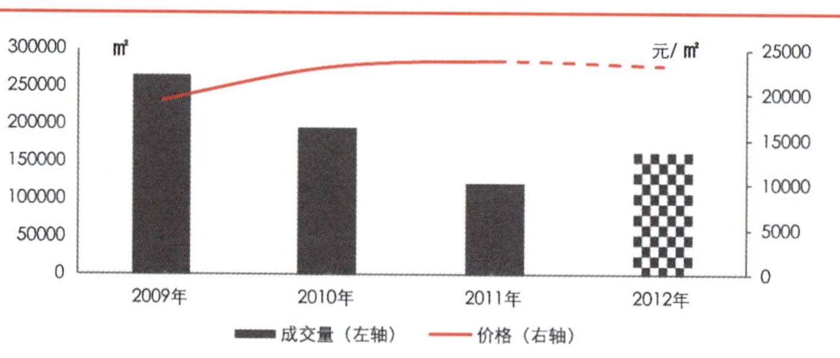

注：2012 年 8 — 12 月数值为估值
数据来源：北京中原市场研究部

城市 Market

楼事 Story

数据 Data

4.1 成交筑底反弹 租赁市场活跃

2012 年，在宏观政策出现放松信号，且信贷层面明显向刚需群体倾斜的背景下，北京二手住宅的总体成交量从最低位开始反弹，其表现为 1 月达到谷底，3 月与去年同期持平，4 月受到两会期间温总理强调"楼市调控不放松"的信号影响市场徘徊不前，随后为了避免整体经济状况受到全球经济疲软的影响，宏观层面开始放松，5 月之后市场成交一路走高。但由于投资被坚决抑制，市场后期快速攀升的动力不足，最高月份的成交量也不会超过 2.2 万套。

由于许多二手住宅相对一手住宅拥有所处的区位好的优势，因此在限购政策出台前投资比重要明显高于一手住宅。在市场最低迷的时期（2011 年 12 月一 2012 年 2 月）北京一手住宅成交曾一度反超二手住宅。而随着市场的快速复苏，二手住宅受到许多改善性购房者的青睐，市场成交重新占据主动，超越了一手住宅成交。

图 4-2 北京二手住宅成交量走势图（2011—2012 年）

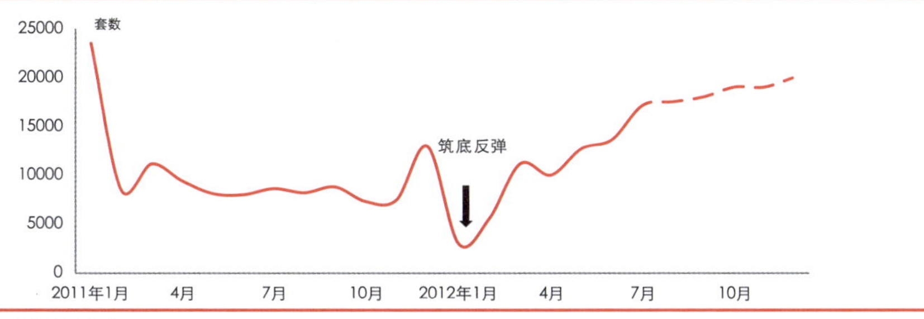

注：2012 年 8~12 月数值为估值
数据来源：北京中原市场研究部

图 4-3 北京一、二手住宅成交量对比走势图（2011—2012 年）

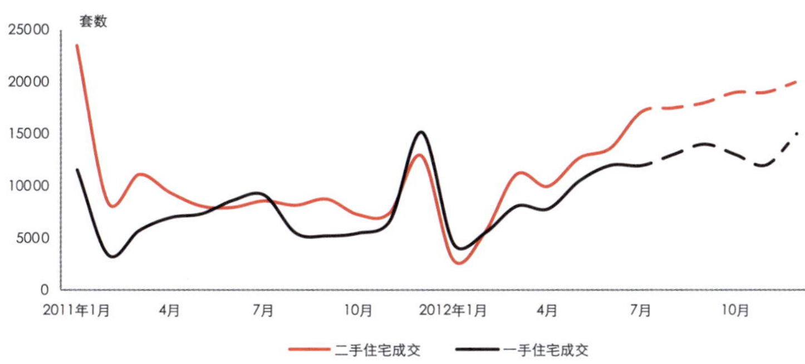

注：2012 年 8 一 12 月数值为估值
数据来源：北京中原市场研究部

由于北京的“限购”政策较为严厉，大批没有连续5年以上社保或纳税证明的非京籍人口被限制购房，这使得其中一部分有真实购买力但苦于没有资格的外地人不得不延长租房年限，再加上北京这样的超大城市在城市化进程中对外部人才的吸引力仍保持强劲，使得这2年北京的租赁市场十分火爆，据北京中原市场研究部根据市建委公布的“房屋租赁合同（经纪成交）网上备案”统计估算，2011年和2012年的租赁成交分别约为210万单和250万单，非京籍租房比例按照85%计算，约178单和212单，按平均每单成交为一套两居室，2人合租，即约350万到400万的非京籍人口需要通过租房来解决居住问题，而这一数字正在持续增长中。在成交量上升的同时，租金也自然水涨船高，2011年和2012年的平均租金环比涨幅分别达到4%和3.6%。

图4-4 北京住宅租金水平走势图（2011—2012年）

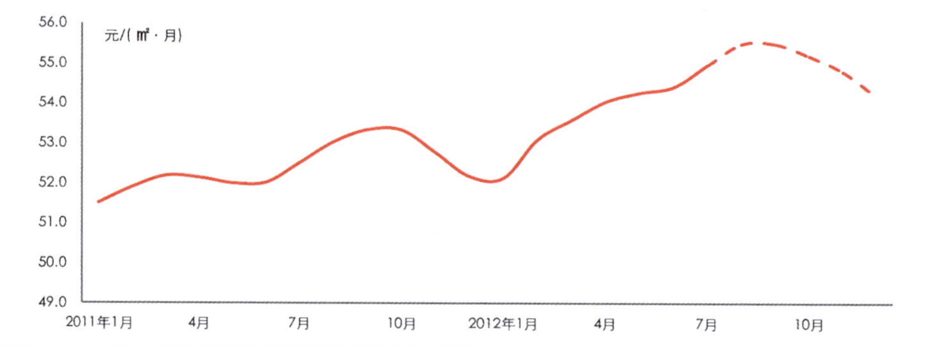

注：2012年8－12月数值为估值
数据来源：北京中原市场研究部

4.2 楼市寒冬已过 房价缓慢上浮

随着购房者对限购政策的日渐适应，加之信贷政策又呈现一定松动的迹象，可以断定楼市寒冬已经结束。从北京中原市场研究部对业主报价的持续监测发现，中原二手住宅报价指数在去年12月达到10%的最低值之后，便呈现出5个月的爬升趋势，6、7月更是出现陡增，这恰好是央行2次加息的月份，可见银根松动对业主信心的提振作用显而易见。预计“金九银十”还将会北京二手住宅市场保持高位运行。

成交价格方面可谓是跌宕起伏。在2011年持续回落之后，业主报价一度逆转向上3个月，然而到了2012年3月份报价跌至最低，之后又再度反弹回升。但由于“限购”政策基调持续不变，因此价格上升动力非常有限，预计下半年的整体走势倾向于小幅稳步上升。

对比一、二手成交价格可以发现以下2个特征：首先，受到当月新开楼盘的档次等影响，新房成交价格按月波动的幅度要大于二手房；其次从总体价格变化来看，新房成交价格受政策影响更大。据统计，2012年新房和二手房均价环比下降幅度分别为5.2%和2.2%。虽然，2012年以来一、二手房的价格均呈现稳步上升趋势，但考虑到新房受政策影响较大，可替代性强，而二手房具备区位优势和可选择性较少等特性，预计二手房在后半年的涨幅要高于新房。

图 4-5 北京中原报价指数（2011 年 8 月—2012 年）

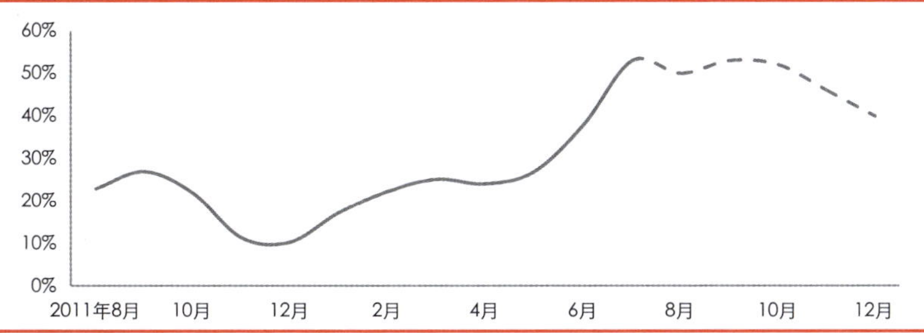

注：2012 年 8 — 12 月数值为估值
数据来源：北京中原市场研究部

图 4-6 北京二手住宅买卖价格走势图（2011—2012 年）

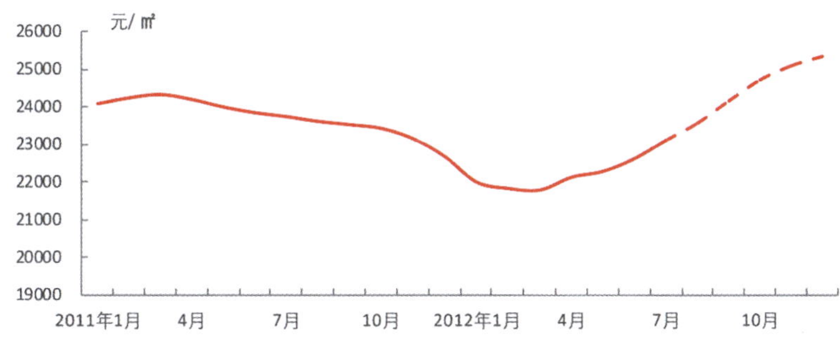

注：2012 年 8 — 12 月数值为估值
数据来源：北京中原市场研究部

图 4-7 北京一、二手住宅买卖价格对比走势图（2011—2012 年）

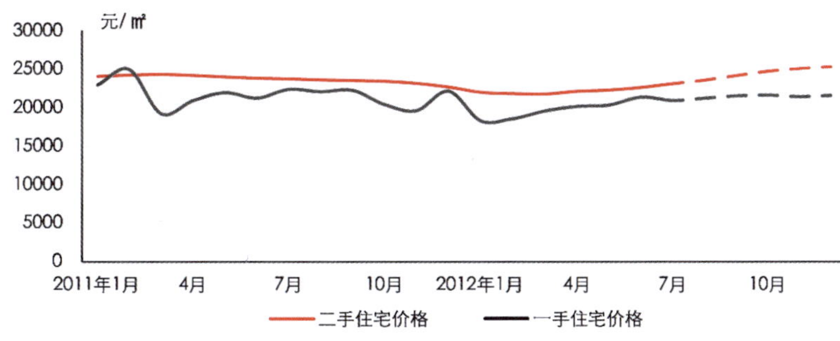

注：2012 年 8 — 12 月数值为估值
数据来源：北京中原市场研究部

4.3 刚需支撑楼市　成交结构悄变

自2011年2月"限购"政策出台以来，"北京市个人"在成交中所占比例出现了急速上升，从2009、2010年的65%上升到2011年的77%，2012年更是上升到83%。相对应的"外省市个人"成交占比则从33%持续下降至2011年的20%，2012年继续下降至15%。可见限购令对投机、投资的抑制，以及抬高刚需群体购房门槛的影响有多大。

从成交分布来看，中心城区、次中心区的成交占比出现上升，"限购一年间"中心城区二手住宅成交占比为11.4%，较"限购一年前"上升1.6%；而"限购一年后"次中心区的成交占比为54.7%，较"限购一年间"上升了2.8%。郊区占比则从"限购一年前"的38.1%下降至"限购一年后"的34.1%。出现这一特点的主要原因是城市边缘区的新盘价格低、成色又新，分流了绝大部分的首置刚需购房者。因此郊区二手房受到冷落，同时靠近城中心区域的二手房成为大部分改善性客户的首选，从而导致二手房成交更加倾向于内城区。

同样在刚需购房群体的置业特征作用下，成交结构也在悄然发生变化。60m^{2}以下及60~100m^{2}的占比从"限购一年前"的12%和31%上升到"限购一年后"的14.5%和36.4%。而100~140m^{2}和140m^{2}以上的占比则从21.9%和35.1%下降到20.7%和28.4%。从数据可以看出，刚需群体更倾向于购买60~100m^{2}的二手房。而由于投资需求的挤出，140m^{2}以上的户型占比明显缩水。

因此，在"限购"政策背景下，购房群体和成交属性都出现了明显变化，预计未来几年这些特点也将是北京二手住宅市场成交的主要特征。

图4-8 北京二手住宅买卖成交客户属性占比图（2009—2012年）

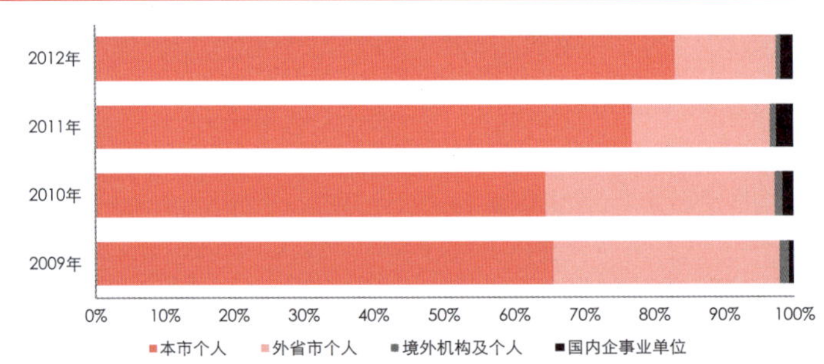

数据来源：北京中原市场研究部

图4-9 北京二手住宅买卖成交区域分布占比图（2010年2月—2012年）

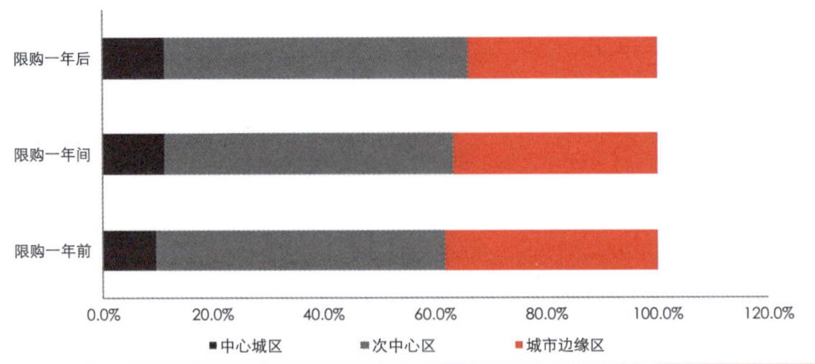

注：1."限购一年前"：自2010年2月—2011年1月，"限购一年间"指：2011年2月—2012年1月；"限购一年后"指：2012年2月—2012年底。下同。
2. 中心城区为东城和西城区；次中心区为朝阳、海淀、丰台和石景山区；城市边缘区为除6城区外的远郊区县。

数据来源：北京中原市场研究部

图 4-10 北京二手住宅买卖成交面积区间占比图（2010 年 2 月—2012 年）

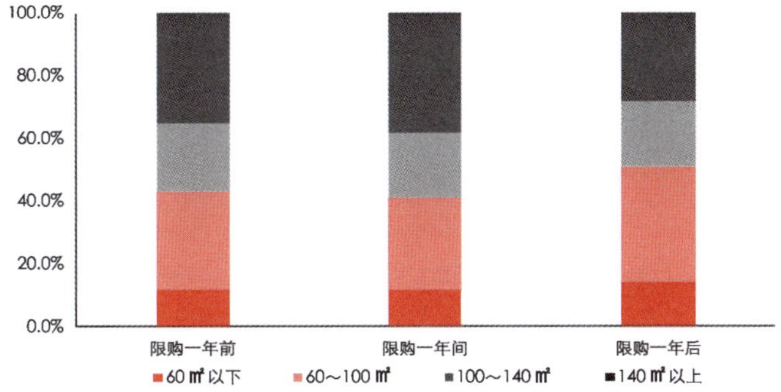

100.0%
80.0%
60.0%
40.0%
20.0%
0.0%
限购一年前 限购一年间 限购一年后
■60 ㎡以下 ■60～100 ㎡ ■100～140 ㎡ ■140 ㎡以上

数据来源：北京中原市场研究部

4.4 限购政策不松　后市回暖设限

在市场整体复苏的作用下，预计 2013 年二手房成交量将明显回升，价格稳定上行。从成交结构看，市场需求仍将以首次置业者为主，中低价的普通住宅依然会占据成交量的主体。

分区域来看，在新房供应为主的郊区，二手房价格上涨依然缓慢，在新房供应和二手房供应并重的次中心区，二手房价格上涨幅度基本与新房类似；而在城市中心区，新房供应稀少，二手房价格非常坚挺。部分二手房价格已经在 2012 年年中突破历史最高。

预计“限购”政策在 2013 年不会放松，或者以房产税的出台来替换“限购”政策对投机投资需求的抑制。总之在限字当头的时期，回暖幅度已设限。

4.5 租赁市场回归平稳　长期仍将小幅上涨

目前来看，2010 年租金上涨的高潮已经逐渐退去。然而，2013 年北京的住宅租金或将再度依旧上涨。需要注意的是，在春节后以及 8—9 月的租赁需求高峰期，房产投资者对租金收益的看重，或刺激租赁市场再度活跃，从而促使租金继续上涨。

此外，政府目前对租赁市场的调控手段尚且匮乏，公租房等房源的直接供给量并不多。后市如果公租房不加快入市、扩大受益面，也将可能促使租金长期上涨。

第 5 章 写字楼筑底：租售两旺 投资价值趋合理

2011 年在“限购”和“限贷”政策的双重制约下，住宅交易陷入冰点。与之相反的是，写字楼开始活跃发展，主要表现在住宅被限的投资需求，转投商业地产，促使商业市场量稳价涨，供不应求。随着 2012 年调控政策“微调”频现，住宅市场开始回暖，写字楼市场也开始租售两旺，无论是入住率还是投资回报率都呈上升态势。众所周知，由于写字楼租赁群体主要以企业租赁为主，故写字楼物业发展是否景气，与经济的发展水平高低息息相关。从目前形势来看，我国经济整体处于缓中趋稳的态势，预计写字楼租赁需求仍会处于小幅上升状态，而随着部分置换需求的出现，整体租价也将保持稳步上涨。

5.1 政策微调市回暖 写字楼销售量升

2011 年是政策出台最为严厉的一年，“限购”和“限贷”政策把大量投资需求挤出市场，住宅市场陷入谷底。房地产行业的下行发展导致经济上行乏力，由于写字楼的良好发展依赖于经济的高速运转，在经济下行压力下，2011 年北京写字楼成交套数同比下降 34%。

2012 年，在力争确保经济企稳的目标下，房地产市场政策出现微调，“限购”虽未动摇，但信贷出现一定程度松动，降息、降准接连而至，房地产市场从 3 月开始出现回暖。2012 年，北京写字楼成交套数同比呈上升趋势，升幅为 37.5%。从月度数据来看， 受到元旦、春节双节影响，1、2 月份成交套数同比大幅下降，市场全面遇冷，几近谷底；3 月起，北京房地产市场逐步回暖；直至 6 月成交量达到最高；下半年成交趋于平稳，但仍普遍高于去年成交量。

图 5-1 北京写字楼成交套数走势图（2010—2012 年）

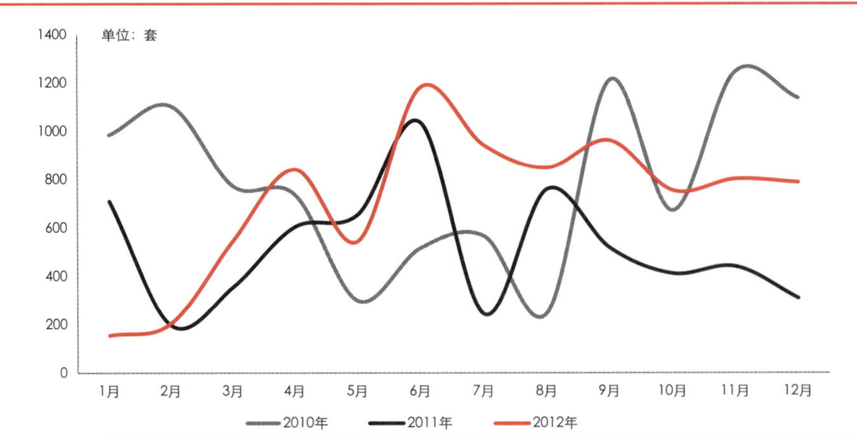

注：2012 年 8 — 12 月数值为估值

数据来源：北京中原市场研究部

5.2 优质项目入市 价格波动上升

在2010—2012年期间，房地产调控政策不断，市场经历从火爆到低谷再到回升。从整体成交价格来看，近2年仍处于波纹式上升状态，2012年写字楼成交均价为25780元/m²，同比基本持平，略有上浮。

虽然，2012年北京写字楼成交均价总体呈平稳趋势，但月度成交均价波动较大。主要原因是由于成交项目差异造成，2012年望京SOHO、国投广场等优质写字楼纷纷入市，对于写字楼市场成交均价有一定拉动作用。随着写字楼市场成交热点的不断外扩，城市边缘区的成交比重也在逐步加大。但是，由于城市边缘区写字楼项目成交均价相对较低，促写字楼成交价格总体保持稳定。

图5-2 北京写字楼成交价格走势图（2010—2012年）

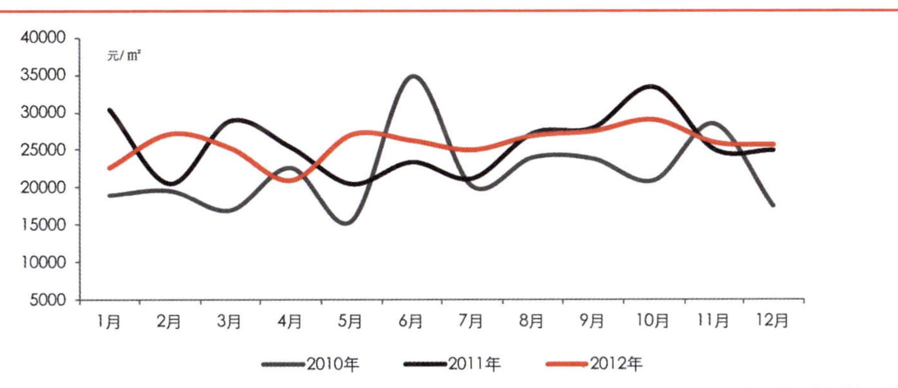

注：2012年8—12月数值为估值
数据来源：北京中原市场研究部

5.3 入住率持续上升 典型商圈价值趋合理

2010年，经济形势保持快速稳定增长，各类企业发展迅速，促使北京标准型写字楼市场持续呈现供应紧张态势。2011年，北京甲级写字楼空置率创历史新低，写字楼租赁市场火爆，市场继续呈现供不应求的态势，其中核心区域优质写字楼项目倍受青睐，入住率不断上升。2011年12月，北京甲级写字楼入住率达到95.83%。

2012年市场筑底回暖，经济在企稳中积极寻求各种支撑点，北京写字楼市场热点商圈如CBD、金融街、中关村等甲级写字楼入住率均达到96%以上，普遍呈现满租状态。全年甲级写字楼入住率呈现出平稳上升的状态。

图 5-3 北京甲级写字楼入住率走势图（2010—2012 年）

注：2012 年 8 — 12 月数值为估值
数据来源：北京中原市场研究部

2012 年写字楼价格缓慢上涨，而热点商圈写字楼租赁市场交投却非常活跃，租金涨幅较快，从而吸引了一批投资者入市。据统计，当下如 CBD、金融街、中关村、燕莎等典型区域月度新增可出租面积较少，供应明显小于需求。此外，2012 年典型商圈的写字楼投资回报率达到 5% ~ 8%，普遍优于 2011 年。

写字楼入住率和租金回报率是 2 个衡量市场健康情况的指标。目前来看，该两项指标比较合理，因此短期写字楼市场仍将保持稳定的上升。但是，长远来看并不乐观。一方面，2010 年和 2011 年均出现了写字楼新开工面积的大幅增加，这些新增供应将在 2012—2013 年之后陆续进入市场；另一方面，写字楼的需求与国民经济的增长速度、第三产业的发展速度息息相关，故未来写字楼市场也存在一定的风险。

5.4 需求强劲租售两旺 特色区域商业成热点

从目前商业地产供应的区域分布及周边市场情况来看，预计 2013 年北京市商业地产的租金和售价将稳步上涨。原因分析：一方面市场需求强劲；另一方面商业地产受调控冲击力度较小。以上 2 点也将吸引大批投资者的关注，最终促使 2013 年北京商业地产租金、售价继续上涨。

随着北京大规模居住片区的日益壮大，以及巨大的消费需求带来的机遇，对商业配套发展提出了新的挑战。区别于传统的商业中心、商务型商业设施的新型商业模式开始出现。望京商业的蓬勃发展可能仅仅是第一个开始。这种新型的居住区商业模式有别于传统商业，将会成为未来很长时间内的主流开发模式。因此区域特色商业是商业地产的一个发展新方向。

第 6 章 政策回调 天津楼市的多方博弈

自 2011 年 3 月限购以及限贷的“双限”政策施行以来，中央与地方政府、开发商以及购房者，关于政策的多方博弈似乎一直就没有停息过。而天津市场近年来高速发展，早已成为境内外一线房企竞相布局的重镇，市场活跃程度不亚于一线城市。因此，地方政府对“双限”政策的执行力度、本外地开发商对后市的判断及对策，以及“双限”下市场购房意愿的波动，都成为影响天津楼市的主要因素。

6.1 坚决贯彻限购及限贷政策 地方政府积极响应

2010 年下半年至 2011 年初，天津先后两次出台限购政策。首轮限购主要实行范围局限在市内 6 区，旨在化解市区购房的压力，将部分需求转移到城市近郊区以及滨海新区。此次限购政策并未产生较大影响。第二轮限购则在全市范围内实行，使得天津楼市进入下行轨道。

图 6-1 天津商品住宅成交趋势分析（2011 年 1 月—2012 年 1 月）

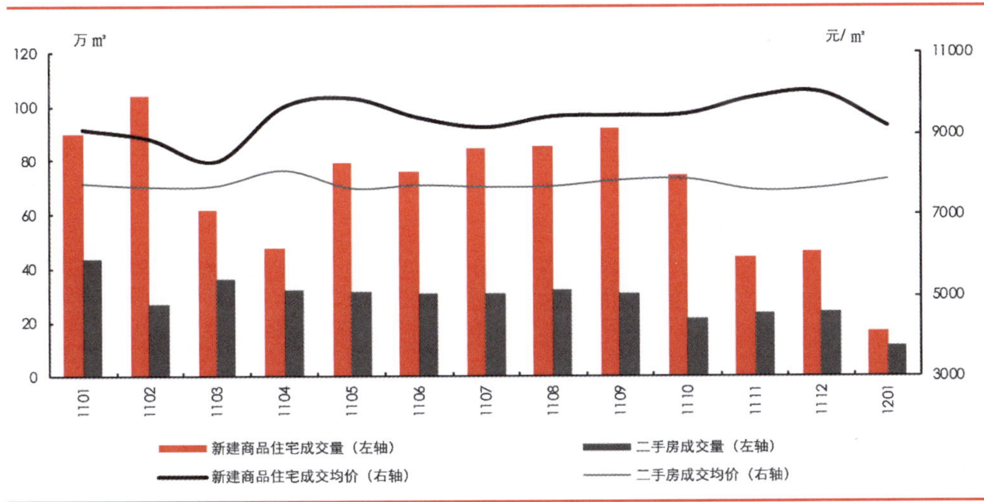

数据来源：天津中原数据库

6.2 开发商以价换量 楼市逐步回调

2012 年新春伊始，众多房企在经历了 2011 年的严寒之后，纷纷举起降价大旗。在严厉而持续的调控下，投机性购房者被剔除，市场供需关系发生转变。房企营销转向针对刚需客群需求，一时间，78 折、85 折、1 万抵 20 万、超低起价、送精装、送物业费等直接或间接降价的促销手段层出不穷。近郊区的房价纷纷从动辄 8、9 千元迅速下滑到 7 千多，甚至 6 千多。与 2008 年不同，在这一轮的政策、开发商以及购房者三方的博弈战中，购房者以其实际行动回应了开发商的让步。成交数据显示，新建商品住宅的成交量开始逐步回升，而成交价格则有所下滑，这样一个“价跌量升”的供求关系表明调控政策已见成效。

图 6-2 天津商品住宅成交趋势分析（2011 年 6 月—2012 年 6 月）

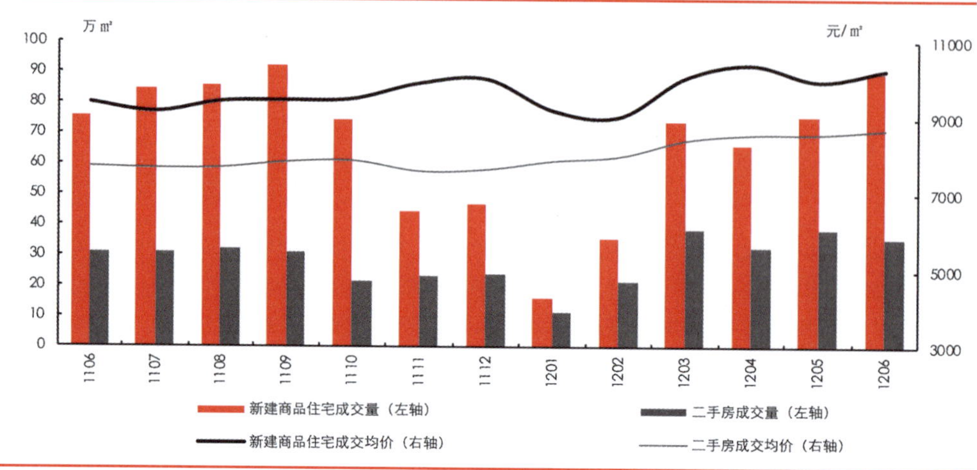

数据来源：天津中原数据库

2012 年以来，央行已 2 次下调存款准备金，加上降息，无疑在信贷环节上给首次置业带来一定程度的支持。但在宏观调控并未转向、房价下降预期依旧强烈的背景下，“双率”调整并未直接带动购房者入市。5、6 月天津楼市的成交回暖，主要得益于房企加快开盘、推盘速度，“以价换量”抢夺市场份额。同时，天津楼市涌现出的“各类刚需”则促成了“中小户型”与“中大高端户型”的共同繁荣。

6.3 供需结构调整 刚需群体受益

此轮限购政策旨在打击投资及投机性购房，抑制多套房置业行为，但是对于首套房则实施鼓励措施。一方面，开发商通过以价换量的方式进行低价促销，不惜牺牲产品利润率，以期积压的产品能够快速变现；另一方面，央行年内连续 2 次降息，且对首套房置业者实行八五折优惠利率，有利于刚性需求客群入市。大量刚性需求（首套）以及首次改善性需求（二套）纷纷借此机会出手，对整体市场供应起到了承载作用。

此外，在政策回调的过程中，部分改善型需求开始入市，开发商在满足刚需客群的同时，开始供应部分针对改善型需求的中高端产品，使得市场整体成交价格也处于小幅增长。例如，市区重点成交的北宁湾、新汇华庭 2 项目均在售 2、3 居户型产品，单套产品总价在 100~250 万元之间；环城四区成交表现突出的首创爱这城、华润中央公园也是总价在 60~70 万元、70~100 万元的两居产品；而滨海新区置业需求仍以“刚需”及“首次改善”为主，成交多为 90m^2 左右高层产品。如单套总价为 50~80 万、户型区间为 70~130m^2 的贻成豪庭；万科海港城再推 78 万元起 90m^2 通透户型均为区域热点销盘。在天津，市区中大户型成交热、环城远郊中小户型依旧抢手的市场格局已经显现。受供求关系影响，改善型需求直接促成高端产品的加速入市。从清明小阳春到“红五月”，天津新增房源面积已开始从小户型到向中大户型过渡。现阶段市场已逐步过渡到相对稳定的发展通道，短期之内不会出现大幅的市场波动。

第 7 章 供需持续低迷 平稳向好可期

2010 年 4 月起，国家开始对楼市进行调控，一方面强调为遏制投资投机性购房需求，同时坚持差别化信贷政策以避免误伤刚需购房者，政策方向有保有压。在历经 2 年调控之后，开发商拿地热情降低，土地市场成交量持续低迷。然而随着今年 3 月份以来住宅销量的持续回升，以及土地价格的小幅回落，重新激发了一些房企的购地热情。近期北京万柳地王、天津师大八里台地王的陆续诞生以及溢价成交地块的增多，表明土地市场已显露转机，尽管尚未完全回暖，但下半年平稳向好可期。

7.1 土地供需均现下滑

7.1.1 土地出让量降幅逾 5 成

2009 年 7 月一 2010 年 4 月为土地市场繁荣期，月均土地供应量高达 363 万 m^2，2010 年 5 月一 2012 年 7 月为楼市调控时期，其间月均经营性土地供应量下滑至 175 万 m^2，降幅逾 5 成。

随着调控的深化，尤其是限购令出台后，房地产市场成交持续低迷，开发商资金链受到影响从而拿地热情减退，使得土地供应显著降低。

图 7-1 天津市土地供应量月度走势（2009—2012 年 1—7 月）

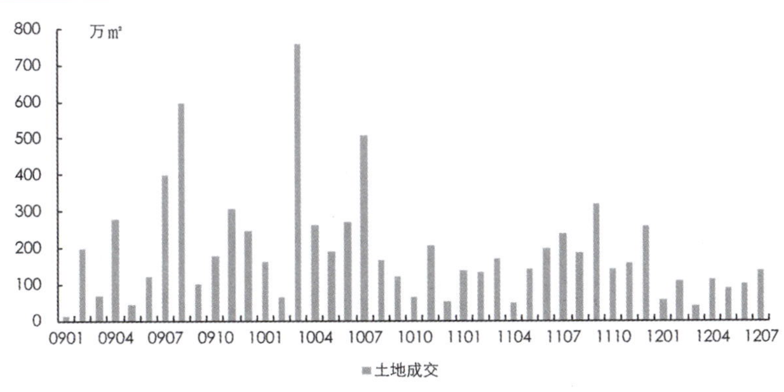

数据来源：天津中原数据库

随着城市建设与经济发展，近 2 年天津市土地供应开始从滨海新区转向远郊区县供应为主。2012 年 1—7 月以来，远郊区县供应量为 472 万 m^2，滨海新区次之为 143 万 m^2。而 2009 年各区县中以滨海新区土地出让量最大。随着滨海新区进入施工建设阶段，2010 年以来土地出让量开始减小；而远郊区县新城镇的不断发展，土地供应量逐步增长。

图 7-2 天津市各区域土地供应量（2009—2012 年 1—7 月）

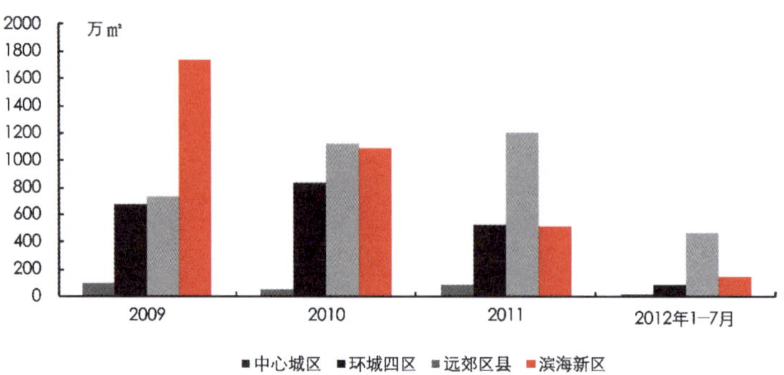

数据来源：天津中原数据库

7.1.2 调控逐步显效 土地成交量回落

尽管楼市调控在一定程度上阻碍了近年来土地出让跃进式的步伐，然而由于城市化进程依然高速增长，2010 年土地供应量仍维持上升趋势。直至 2011 年限购令出台，当年土地成交量出现回落，较 2010 年跌幅接近 3 成。2012 年 1—7 月土地总成交量仅为 596 万 m^2，创 4 年来新低，比 2011 年同期跌幅近 5 成。

图 7-3 天津市土地成交量走势图（2009—2012 年 1—7 月）

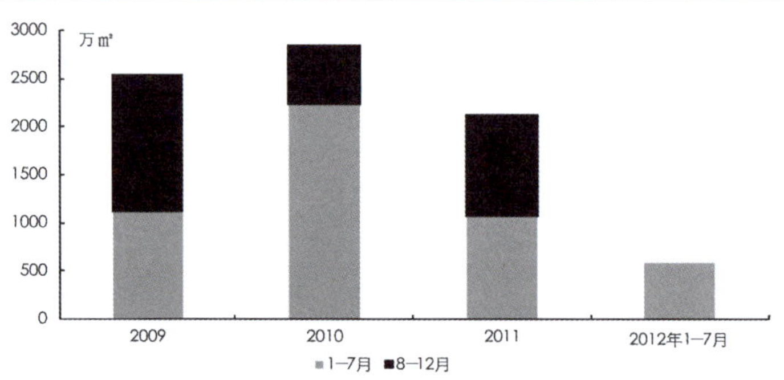

数据来源：天津中原数据库

由于新城镇的快速发展和天津“蓝印户口”政策仍然存在，近年来远郊区县吸引了很多外埠人口。2011—2012 年 7 月，远郊区县经营性土地成交量在各区域中位居榜首，达 1426.2 万 m^2。而受到天津规划发展利好，环城四区逐渐成为购房的主要区域，2011—2012 年 7 月，环城四区经营性土地成交量位列各区域次席，达 641.4 万 m^2。受到中心城区土地出让量小、楼面地价高等“挤出效应”推动，远郊区县和环城四区已逐渐成为天津拿地的热点区域。

图 7-4 天津市各区域土地成交量走势图（2009—2012 年 1—7 月）

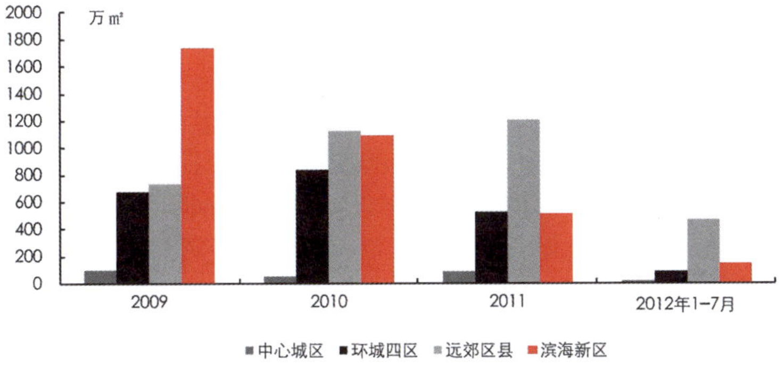

万㎡
2000
1800
1600
1400
1200
1000
800
600
400
200
0
2009
2010
2011
2012年1—7月
中心城区
环城四区
远郊区县
滨海新区

数据来源：天津中原数据库

7.1.3 居住用地成交比例下滑

楼市调控不仅使得土地成交量显著下降，居住性质用地成交比例亦出现明显下滑。2009 年 7 月—2010 年 4 月的楼市繁荣期，居住用地占总成交比重为 85%；到了 2010 年 5 月—2011 年 7 月的“楼市调控期”，居住性质用地占比为 80%。而到了 2011 年 8 月—2012 年 7 月的“调控深化期”，居住用地仅占比 71%，与楼市繁荣阶段相比下降了 14%。

受到调控政策持续升级的影响，住宅市场各类需求均受到限制，开发商也只得收缩战线，减少居住用地的购置。尤其是居住市场的“限购”政策导致部分需求被“挤出”，开发商也转向受政策限制较少的商业地产市场，商业地产呈现供求两旺局面。

图 7-5 天津市土地成交性质占比图（2009 年 7 月—2012 年 7 月）

2011.8–2012.7
2010.5–2011.7
2009.7–2010.4
0%
20%
40%
60%
80%
100%
120%
居住
商服

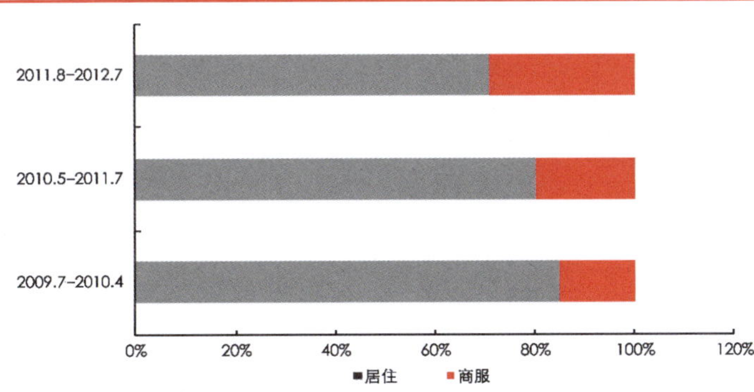

数据来源：天津中原数据库

7.2 土地价格保持平稳

2009 年楼市火爆，下半年土地市场也大幅升温，地价大涨。当年天津市全年经营性土地成交楼面地价达 1601 元 /m^2，同比上涨 54%。2010 年调控开始后，天津市地价上涨速度开始放缓，2010 年天津经营性土地成交楼面地价为 1807 元 /m^2，同比上涨 13%。

2011 年以来，调控政策不断深化，尤其是限购令的持续生效使得开发商的销售压力大增，资金链日趋紧张，并开始放缓拿地步伐。2012 年 1—7 月土地成交大幅降温，虽然政府调整推地策略，以及部分实力房企逢低入市购地，使得地价呈现小幅上升趋势，但土地成交金额同比下降了 30%。

图 7-6 天津市土地成交楼面地价走势图（2009—2012 年 1—7 月）

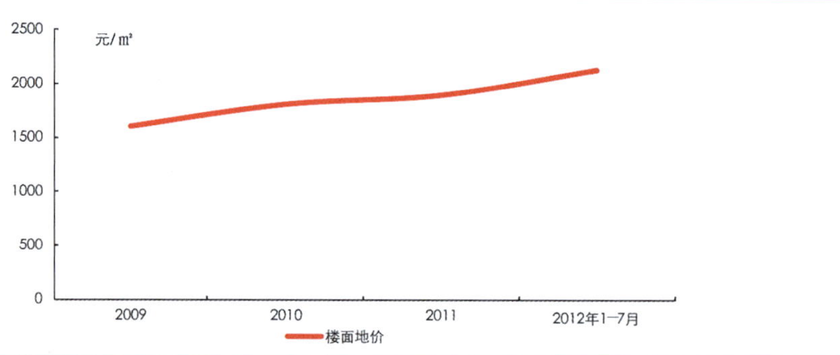

数据来源：天津中原数据库

第 8 章 新房市场：逆市中变换格局

2010 年起，中央政府出台调控政策为楼市降温。进入 2011 年后，政府一方面收紧流动性，同时实行限购令，迫使投资投机性需求离开市场。在资金链紧张和购房需求缩小的双重压力下，开发商开始加速放量。2012 年，中央多次重申房地产调控政策不放松，促使开发商继续以价换量，成交量持续回升。不过，从 5 月份开始，随着成交量的持续回升以及半年业绩任务的逐渐完成，不少楼盘开始缩小之前的降价力度，房价的下降幅度趋缓。

由于中心城区与环城四区是天津市商品住宅交易相对活跃的区域，具备较高的研究价值，本文将重点围绕上述区域进行研究与分析。

8.1 商品住宅供应现分化

8.1.1 中心区供应逐年提高

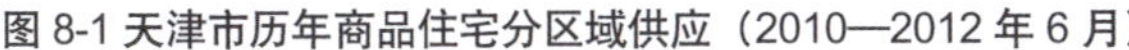

图 8-1 天津市历年商品住宅分区域供应（2010—2012 年 6 月）

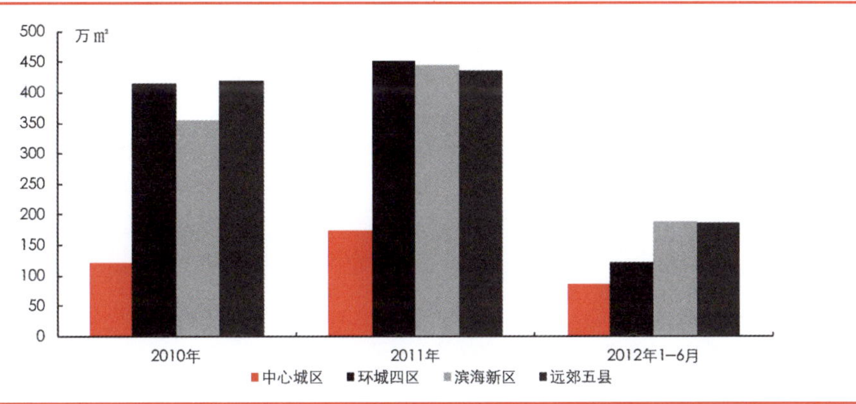

数据来源：天津中原投资顾问部

2010 年，天津市新建商品住宅供应量为 1309 万 m^2，其中中心城区与环城四区供应量分别为 121 万 m^2 和 414 万 m^2，所占比例分别为 9% 和 32%。2011 年，天津市新建商品住宅供应量为 1506 万 m^2，中心城区与环城四区的供应量分别为 174 万 m^2 和 452 万 m^2，所占比例分别为 12% 和 30%。2012 年 1 —6 月，天津市新建商品住宅供应量为 584 万 m^2，与去年同期相比下降了 29%，中心城区与环城四区供应量分别为 87 万 m^2 和 122 万 m^2，所占比例分别为 15% 和 21%。

中心城区供应占比逐年提高，从 2010 年的 9% 提高到 2012 年上半年的 15%，而同时期环城四区的供应占比从 32% 下降到 21%，呈逐年下降趋势。中心城区的占比有所提高，主要源于中心城区商品房供应基本保持稳定，同时随着调控政策的深入，开发商拿地热情有所下降，推盘节奏放缓，导致全市供应量显著下降所致。2010 年和 2011 年环城四区供应量占比较高是因为该区域土地供应充足，同时受政府规划利好推动，2012 年上半年供应量占比显著下降，一方面源于前 2 年供应量处于历史高峰，另一方面是由于开发商在调控政策的影响下，纷纷选择控制推盘节奏。

8.1.2 供应结构转变 “刚性”需求受抑制（按面积段）

图 8-2 天津市中心城区历年商品住宅供应按面积段划分（2010—2012 年 6 月）

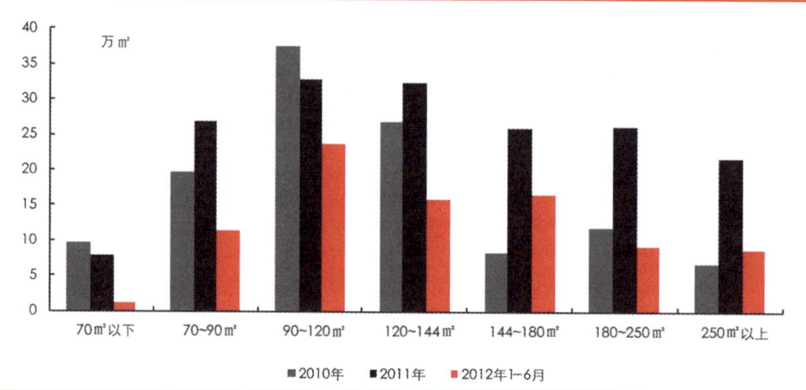

数据来源：天津中原投资顾问部

随着调控政策的不断深入，中心城区商品住宅供应发生明显变化。从面积段上看，90m^2 以下户型所占比重从 2010 年的 24% 下降到 2012 年的 15%；90~144m^2 户型从 2010 年的 53% 降低到 2012 年的 45%；同时期 144m^2 以上较大户型的供应则从 23% 提高到 40%。从产品规划上看，中心城区商品住宅供应结构开始向中高级改善型需求倾斜，刚性需求受到一定程度的抑制。

图 8-3 天津市环城四区历年商品住宅供应按面积段划分（2010—2012 年 6 月）

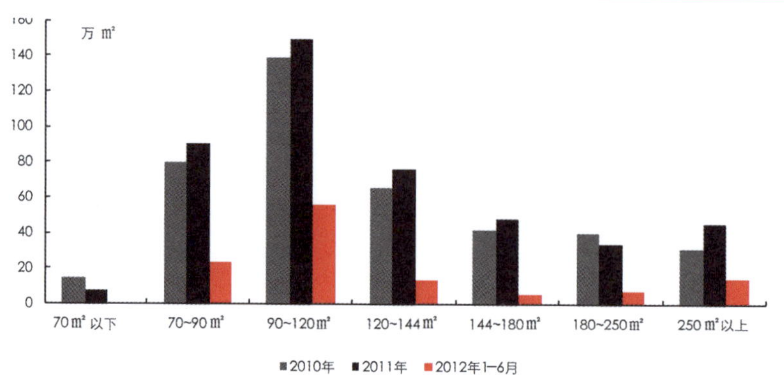

数据来源：天津中原投资顾问部

从面积段上看，环城四区 90m² 以下户型供应从 2010 年的 23% 下降到 2012 年的 20%；同时期 90~144m² 户型则从 49% 增加到 57%；而 144m² 以上户型从 28% 降低至 23%。从产品规划上不难发现，环城四区商品住宅供应以满足刚性需求和改善型需求为主，且随着中心城区土地供应的日益减少，环城四区商品住宅供应向初级改善型需求倾斜。

8.1.3 区域供应量存在差异性

综合近 3 年来，天津市商品住宅供应的变化特点，不难发现不同区域存在较为明显的差异性。就中心城区而言，在供应总量上基本保持稳定，但该区域未来供应能力有限，其在全市供应量所占比重将呈递减趋势；从供应产品的特点来看，舒适型的改善型产品是目前市场供应的主流，而刚需型产品逐渐退出市场。环城四区的情况则有所不同，根本原因在于其近中心城区的特殊地理位置，使其承载了中心城区的外溢型需求，故而在产品形式上更倾向于满足此类人群的需求，主要表现为产品多以功能型 2 室和紧凑型 3 室为主；目前该区域还存在大量未利用土地，其未来开发潜力较大，若后期市场环境有所好转，其总体供应量必将有相当程度的提高。

8.2 商品住宅成交量逐步回升

8.2.1 中心区成交占比提升

图 8-4 天津市历年商品住宅分区域成交（2010—2012 年 6 月）

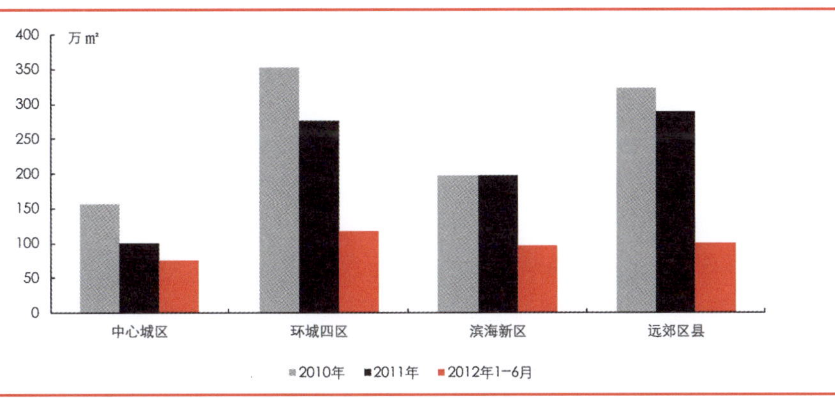

数据来源：天津中原投资顾问部

2010 年，天津市新建商品住宅成交量为 1031 万 m²，其中中心城区与环城四区供应量分别为 156 万 m² 和 353 万 m²，所占比例分别为 15% 和 34%。2011 年，天津市新建商品住宅成交量为 864 万 m²，中心城区与环城四区的成交量分别为 101 万 m² 和 277 万 m²，所占比例分别为 12% 和 32%。2012 年 1—6 月，天津市新建商品住宅成交量为 390 万 m²，与去年同期相比下降了 11%，中心城区与环城 4 区成交量分别为 77 万 m² 和 117 万 m²，所占比例分别为 20% 和 30%。

随着房产调控政策的深入，中心城区成交占比大幅提高，表明市场对该区域的需求较为稳定。2012年初，成交量大幅下滑，促使多数开发商以价换量，从而带来了4—6月份成交量的大幅反弹，2012年上半年成交量超过2011年同期将近50%，接近2010年半年成交量，预计全年可超过去年成交量，甚至达到2010年水平。2010—2012年环城四区成交占比呈小幅下降趋势，但其所占比例始终在30%左右，是天津市商品住宅市场交易最为火爆的区域。从成交量上看，该片区半年成交量低于2011年同期，随着下半年市场的好转，很有可能达到与去年相当的水准，但要恢复到2010年的成交水平尚需时日。

8.2.2 中小户型占成交主力（按面积段）

图8-5 天津市中心城区历年商品住宅成交按面积段划分（2010—2012年6月）

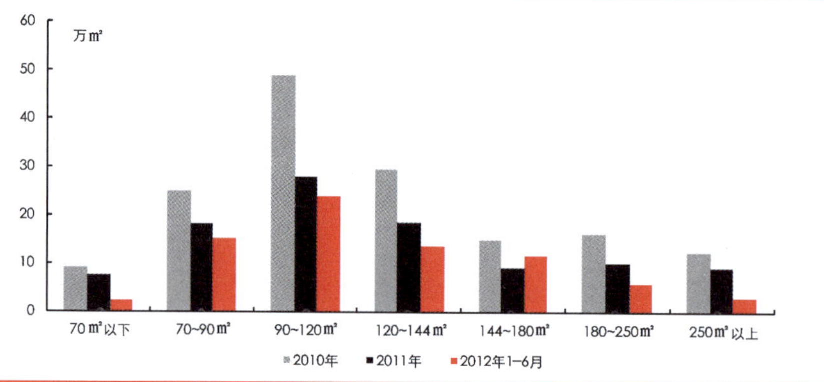

数据来源：天津中原投资顾问部

从面积段上看，中心城区商品住宅成交户型中90m²以下、90~144m²与144m²以上户型近3年来成交比例基本保持稳定，90m²以下户型在23%左右，90~144m²为50%，144m²以上则为28%左右。刚性需求与不同层级的改善型需求构成了市场成交的主力。

图8-6 天津市环城四区历年商品住宅成交按面积段划分（2010—2012年6月）

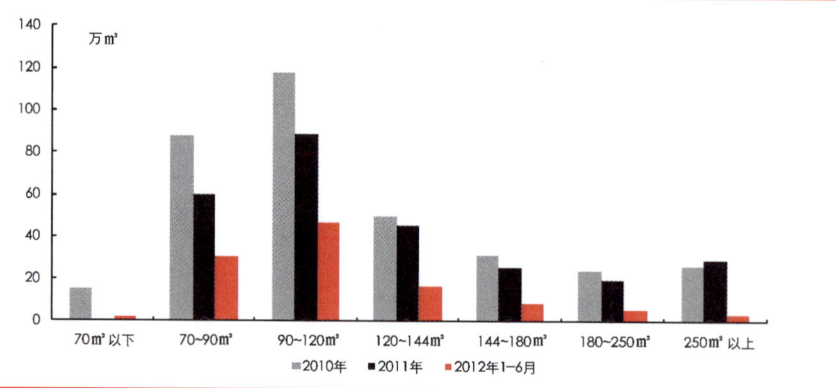

数据来源：天津中原投资顾问部

从面积段上看，环城四区成交户型与中心城区比例大致相似。近 3 年，90~144m^2 户型所占比重均处于 55% 左右的高位，可见其承载中心城区外溢需求较为明显。

8.2.3 中心城区成交价格凸显保值特点

图 8-7 天津市中心城区历年新建商品住宅与二手住宅成交价格（2010—2012 年 6 月）

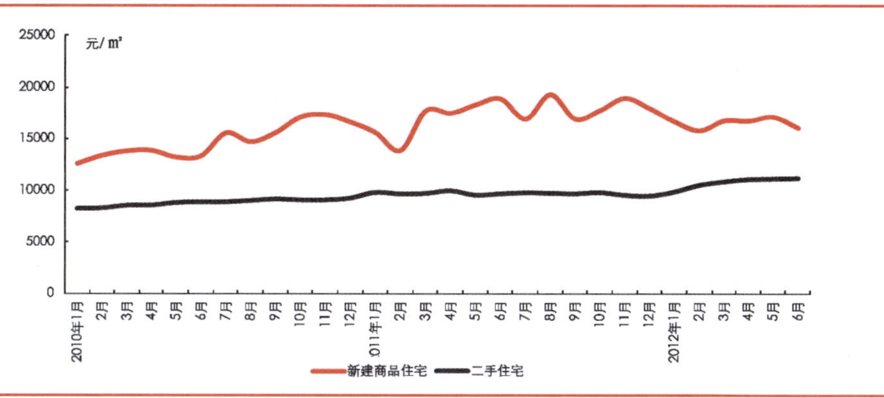

数据来源：天津中原投资顾问部

中心城区新建商品住宅成交均价从 2010 年的 14800 元 /m^2，增至 2011 年的 17500 元 /m^2，进入 2012 年以来，成交均价不断走低，但 6 月份成交均价相比 1 月份涨幅达 11% 以上，半年均价为 16500 元 /m^2。二手住宅方面，成交均价不断上扬，从 2010 年的 8800 元 /m^2 到 2011 年的 9600 元 /m^2 再到 2012 年上半年的 10800 元 /m^2，年均 10% 左右的涨幅凸显了中心城区住宅在逆市中保值增值的特点。

图 8-8 天津市环城四区历年新建商品住宅与二手住宅成交价格（2010—2012 年 6 月）

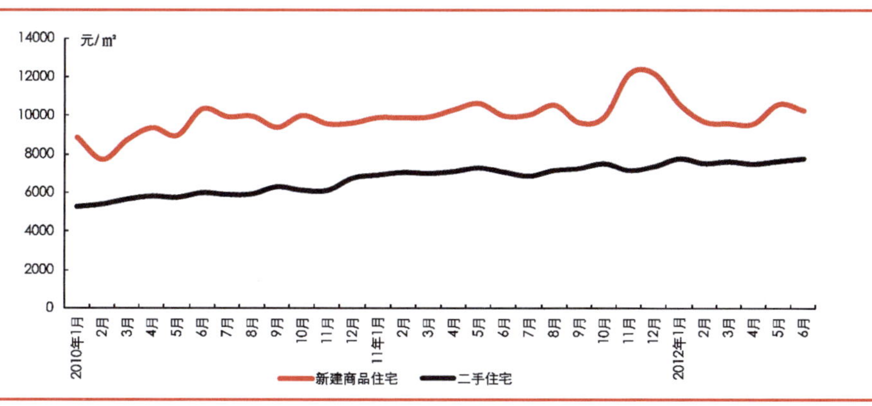

数据来源：天津中原投资顾问部

近3年，环城四区新建商品住宅成交均价持续震荡，均价自2011年12月达到12200元/m²的历史高位后，于2012年2月跌至9900元/m²，3月份开始成交价保持小幅上升，于6月达到10300元/m²，近期价格基本保持稳定。二手住宅方面，成交均价不断上扬，从2010年的6000元/m²到2011年的7200元/m²再到2012年6月份的7800元/m²，其涨幅逐渐放缓，但上涨态势持续。

8.2.4 “刚需”促使房价回调

就中心城区而言，成交总量方面相对于2011年同期有很大程度的提升；而成交均价虽低于去年同期，但亦趋于稳定；从成交产品的结构上来看，改善型需求是市场成交的主流。

对于环城四区来说，成交总量受调控政策影响较为明显，呈逐年下降趋势，成交均价也出现一定程度的下滑。但随着近期市场逐渐回暖，承载着中心城区外溢型需求的环城四区成交量与均价方面亦有一定的回升，在成交品种上多为初级改善型与刚需型产品。

2012年1—6月，天津房地产市场经历了一波“过山车”行情。从1—2月的成交“极寒”，到3—4月份在降价促销作用下的成交回升，再到5—6月的量销价滞。其中房价回调后刚性需求的入市起到至关重要的作用。

8.3 典型楼盘成交特点

典型楼盘基本情况　　表8-1

项目名称	建筑面积（万m²）	容积率	物业类型	户型区间（m²）	开盘时间	当前售价（元/m²）	开发商
天津大都会	86	7.2	高层	2室80~125 3室120~240 3室以上245~560	2010年10月	24500（精装） 21500（毛坯）	保利、金融街
新汇华庭	30	3.7	高层	2室75~98 3室120	2012年04月	21000	天津新世界
大悦城	50	4.4	高层	1室68 2室89 3室126	2011年08月	20000	中粮
聚汇和兴	6	10.9	高层	1室50~70 2室75~99 3室101~130	2011年11月	26000	天津东大

数据来源：天津中原投资顾问部

以上项目均处于中心城区核心区，但销售境况有所不同，以下分别予以说明。

天津大都会，城市综合性项目，自2010年开盘以来，平均每月销售将近1万m²，成交均价达23000元/m²，其销售火爆的原因除地段因素外主要有以下几点：其一，保利与金融街巨大的品牌效应；其二，精装修住宅在天津市较为稀缺；其三，在2012年3、4月份的市场淡季里及时调整销售策略，采取以价换量的方式，使月成交量一度达到2.5万m²的高位，从而保证项目的持续热销。近期，价格有所回升，成交量逐渐趋稳。其产品多为大户型产品，主要面向中端改善型客户。

大悦城，城市综合性项目，于 2011 年 8 月开盘，月均销售仅为 1000m^2 左右，均价始终保持稳定，为 20000 元 /m^2，其地理位置接近大都会，产品上亦与其产生直接竞争。其户型产品面积偏小，大户型产品供应不足，不符合中心城区的市场需求，加之缺乏灵活的价格策略，故市场表现平平。

新汇华庭，2012 年 4 月首次开盘，其产品多为功能型 2 室与改善型 3 室，面向刚需及婚房客户，同时兼顾改善型客户，其以较低的入市价格赢得了市场的认可，造成了开盘即热销的局面，后期不断小幅加推，最终使成交价格从 17500 元 /m^2 提高到 21500 元 /m^2，且保持了相当高且稳定的销售速度，是逆市下成功的代表。

聚汇和兴，中心城区核心区的住宅项目，自 2011 年 11 月开盘至今，仅销售 12 套。其产品多为 70m^2 以下的小户型产品，大户型稀缺加之建筑设计上的不完善，最终导致其成交惨淡。

第 9 章 办公物业供应旺盛 滨海新区市场活跃

2011—2012 年上半年，在住宅市场宏观调控的大背景下，办公物业越来越受到广大开发商的青睐。2012 年内，天津写字楼供应畅旺，而需求则表现疲软，市场消化能力明显不足。

9.1 新建写字楼供应仍处高位

2012 年 1—6 月，天津新建写字楼新增供应仍处高位，总供应面积达 72.5 万 m^2，同比小幅下跌 8%。在 5 月，多个项目集中取得预售，推高当月总新增供应面积达到近一年的最高值，约 30.17 万 m^2。其中，大多为总部基地及大型综合体项目，主要集中在滨海新区及环城区域，如滨海新区的“海泰华塘名邸”、“宝龙国际中心”以及津南区的“联东 U 谷”项目等。与 2011 年相比，2012 年上半年企业和投资者的观望态度明显，写字楼市场成交低迷，市场消化能力不足，2012 年上半年供需比平均在 1~5 之间震荡，其中 5 月，滨海新区供应呈现井喷，供需比达到 9。

图 9-1 天津市新建写字楼供求情况（2011 年 1 月—2012 年 6 月）

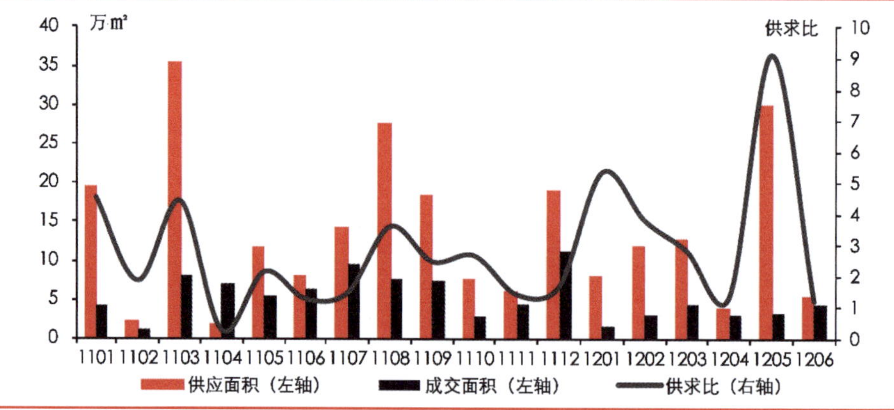

数据来源：天津中原数据库

9.2 新建写字楼成交分析

9.2.1 成交总量跌幅明显 价格增速放缓

2012 年上半年，天津新建写字楼成交面积约 20 万 m^2，同比大幅下降 38.2%，远低于同期供应的 72.5 万 m^2，市场供求矛盾凸显。与 2011 年相比，房地产投资环境进一步恶化，在宏观调控政策不断深入、实体经济放缓、观望情绪浓重等众多因素作用下，市场成交有所放缓，与去年同期相比跌幅明显。

2012 年上半年，天津新建写字楼成交均价为 12665 元 /m^2，同比增长 13.7%，与 2011 年下半年基本持平，成交价格增速放缓；2012 年天津写字楼成交价格波动较大，空港经济区大量商务公寓项目的成交使得首月成交均价被拉低，仅为 8000 元 /m^2；而后连续 2 个月上涨，至 3 月达到历史最高点 15700 元 /m^2，随后下滑至 11800 元 /m^2。由于主要优质项目供应有限，市场主要消化写字楼的存量项目，因此整体价格不高。

图 9-2 天津市新建写字楼成交情况（2011 年 1 月—2012 年 6 月）

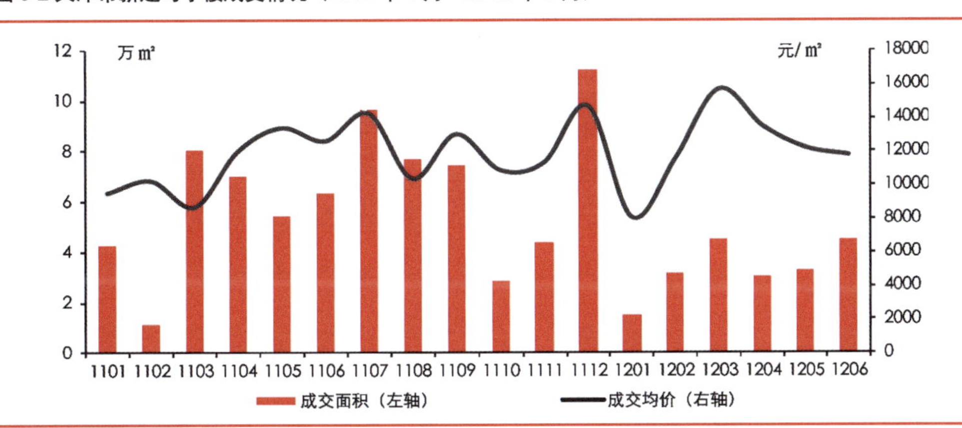

数据来源：天津中原数据库

9.2.2 中心城区成交稳定，滨海新区市场活跃

2012 年以来，天津中心城区写字楼成交市场稳定。据统计，2012 年上半年天津中心城区写字楼成交面积达 8.5 万 m^2，占全市总成交量的 44%，基本与 2011 年同期持平。2012 年，中心城区的和平区、河西区及南开区市场表现突出，其中和平区成交量位居中心城区首位，成交面积达 3 万 m^2；河西区和南开区作为传统的交易旺区，成交量分别占全市成交量的 15% 和 11%。

随着环渤海经济圈的继续开发，其核心地带的滨海新区享受到更多政策优惠，从而促使办公物业市场的繁荣。2012 年上半年，滨海新区写字楼成交面积达 9.69 万 m^2，占全市成交量的 50%，比重甚至超过了中心城区。巨大的发展潜力和无限的发展机遇使滨海新区成为商业地产的又一黄金地带。

图 9-3 天津市新建写字楼成交区域分布变化（2011 年 1 月—2012 年 6 月）

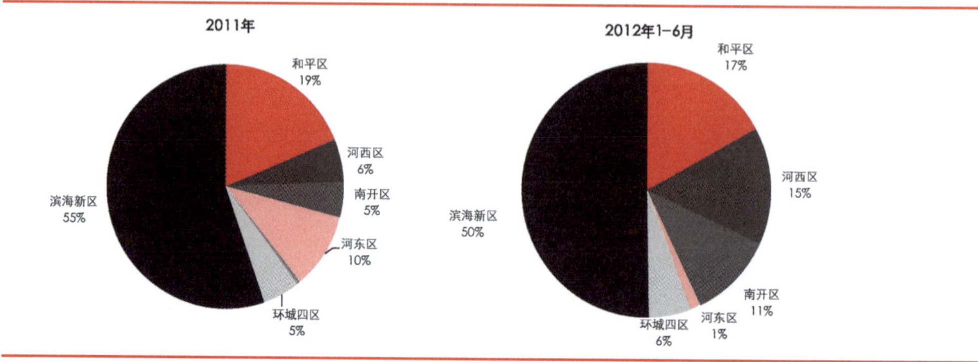

数据来源：天津中原数据库

9.2.3 中低价位写字楼成交量平稳上升

2012 年上半年，由于优质写字楼，如“环球金融中心”等项目供应有限，而以“格调春天”为代表的一批中低价写字楼因其较好的区位和适中的价格赢得了市场的青睐，导致写字楼市场高价位成交屈指可数，全市场成交均价维持在中低水平。从成交套数上分析，各个价格段写字楼成交中，均价 9000~12000 元 /m^2 依然占据首位，成交了 217 套，占总成交套数的 21%。5000~7000/m^2 价位的写字楼成交紧随其后，占总成交套数的 20%。而均价 25000 元 /m^2 以上写字楼的成交套数则降至最低，仅成交了 36 套。

图 9-4 天津新建写字楼成交价格分布（2011 年 1 月—2012 年 6 月）

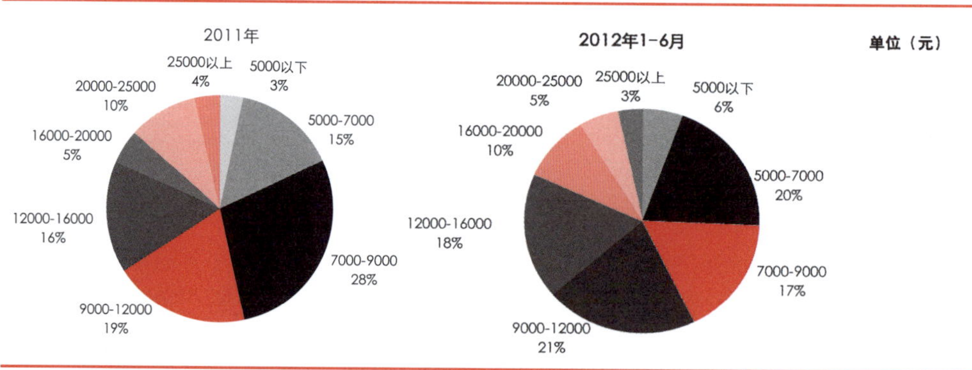

数据来源：天津中原数据库

城市 Market

楼事 Story

数据 Data

9.3 未来市场预测

9.3.1 滨海新区成为写字楼供应重心

随着滨海新区经济的加速发展，写字楼市场的重心也开始出现两点并重的局面，滨海新区已开始比肩市中心成为写字楼的供应重心。2012 年上半年，滨海新区的写字楼供应量和成交量均拔得头筹。天津写字楼区域分布将更加均衡，写字楼产品也将随着区位的变化更加多元化。

9.3.2 优质写字楼压力与契机共存

目前天津写字楼市场的优质供应项目依然有限，天津的总部经济的发展必将促使市场寻求更高端的写字楼项目。巨大的新增供应使写字楼需求市场消化疲软，高档写字楼市场竞争日趋激烈。但伴随着天津经济的快速发展，大型国企和金融机构等对高端写字楼的需求也将给写字楼市场带来契机。优质的高端写字楼将成为市场的下一个热点。

第 10 章 次级商圈发展提速 商用物业价格屡创新高

2011 一 2012 年上半年，随着住宅调控的不断深入，众多开发商将目光转向商业地产领域，并且纷纷加快了二、三线城市的开拓步伐。年内天津商业市场保持良性发展的态势，虽然市场供过于求现象明显，但是次级商圈的不断繁荣推动全市商业成交价格持续上涨。

10.1 新建商铺供应高企

2011 年，天津商业市场新增供应量达 133.82 万 m^2，较 2010 年增加了一倍。2012 年上半年商业市场新增供应量为 55.94 万 m^2，仍处于高位，供过于求的现象依然明显。开发商对天津商业地产市场良好的预期，使得近 2 年商业新增供应旺盛，然而市场消化能力有限，2012 年上半年供需比在 2~4 左右徘徊，始终维持在历史高位。

图 10-1 天津市新建商铺供求情况（2011 年 1 月—2012 年 6 月）

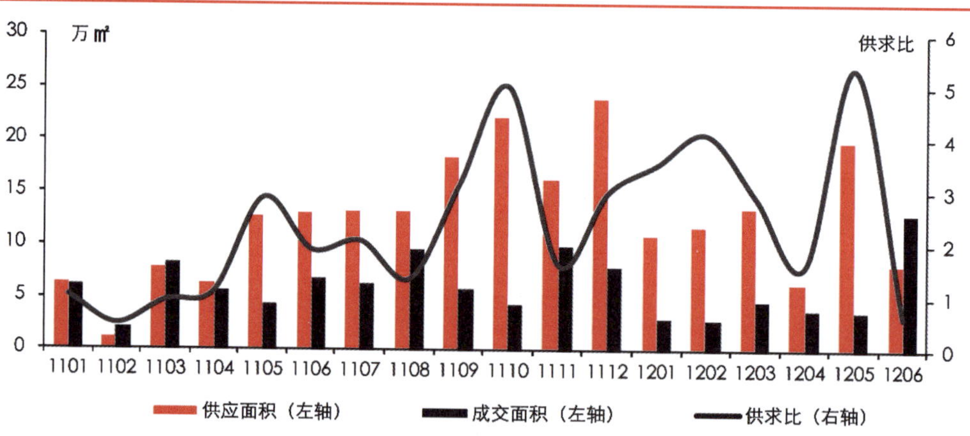

数据来源：天津中原数据库

10.2 商铺成交价格波动 次级商圈渐成热点

10.2.1 成交震荡调整 价格波动上行

2011 年天津新建商铺市场成交活跃，主要是由于住宅“限购”政策的不断深入，使投资者将目标转向商业地产领域，商铺交易不断升温，推动市场成交量价的上涨。

2012 年 1—6 月，天津新建商铺成交面积为 31.21 万 m^2，同比下降 6.5%，远低于同期供应的 70.38 万 m^2，市场处于震荡调整期。与 2011 年相比，房地产投资环境进一步恶化。随着住宅市场的回暖，2012 年上半年天津新建商铺市场成交相对低迷，仅在 6 月份成交放量，月成交 13.01 万 m^2，达到近一年的峰值。

2012 年 1—6 月，天津新建商铺成交均价为 15923 元 /m^2，同比增长 6.9%，比 2011 年下半年小幅上涨 1.2%。2012 年 5—6 月，市场成交回暖，成交均价由年初的 13000 元 /m^2，升至 18500 元 /m^2，达到历史高点。

图 10-2 天津市新建商铺成交情况（2011 年 1 月—2012 年 6 月）

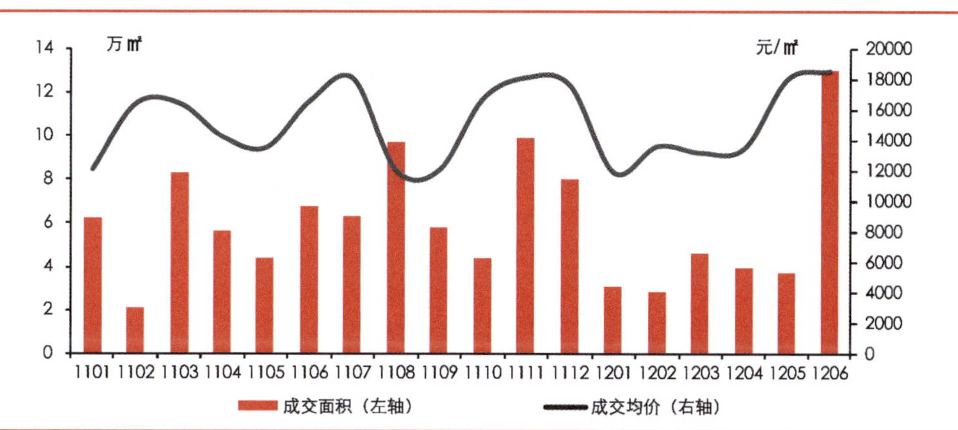

数据来源：天津中原数据库

10.2.2 中心城区成交平稳 远郊区县成为新热点

2012 年以来，天津中心城区新建商铺成交保持稳健增长态势。据统计，2012 年上半年中心城区商铺成交面积达 11.86 万 m^2，占全市总成交量的 38%，与 2011 年同期基本持平。2012 年，中心城区的和平区、南开区及河东区市场表现突出，其中和平区作为城市的核心区，成交量位居中心城区首位，成交面积近 7 万 m^2；南开区以写字楼和住宅配套商铺为主；由于南站 CBD 的规划，河东区出现大量中高端居住区及大型城市综合体项目，集中式商业和社区商业街成为新增供应的主体，投资者和品牌商家对区域商业价值的良好预期促成了大量成交，推动成交价格持续上涨。

“佛罗伦萨小镇”、“凯旋王国”、“团泊湖温泉酒店”等众多主题商业设施的运营，推动了远郊区县商业的发展。2012 年上半年，远郊区县新建商铺成交面积达 11.15 万 m^2，占全市成交量的 40%，与 2011 年相比大幅上涨。区域的发展潜力及投资价值逐渐被市场认可，远郊区成为天津商铺成交新的热点区域。

图 10-3 天津市新建商铺成交区域分布变化（2011 年 1 月—2012 年 6 月）

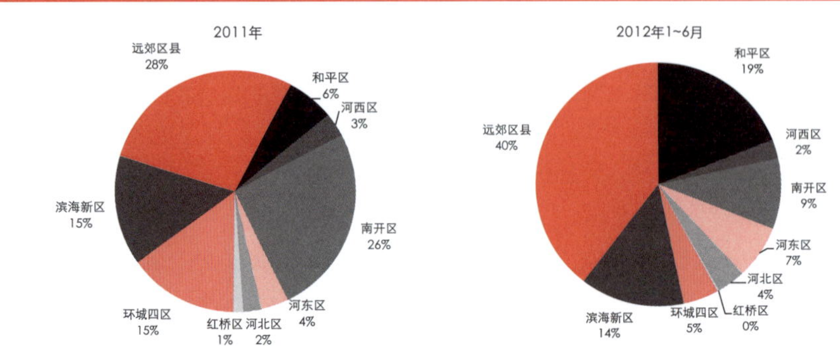

数据来源：天津中原数据库

5.2.3 次级商圈发展提速 中心城区成交价格大幅上升

随着近几年奥体、海河沿线、南站等次级商圈和新兴商圈的发展和建设，商业氛围和居住氛围显著提升，轨道交通体系的不断完善为次级商圈商业的发展创造了条件，同时促进了地铁沿线周边新兴商圈的形成。与核心商业区渐趋饱和的市场相比，次级商圈具备更为广阔的发展空间，随着国内外知名品牌发展商的不断进驻，其市场认可度和成交价格均得到明显提升，带动中心城区商业成交价格不断提升。成交的商业项目以住宅底商、社区商业街及写字楼配套商业为主。2012 年上半年中心城区商业成交均价达 27967 元 /m^2，价格稳定上涨，同比涨幅为 37%。

天津市次级商圈及新兴商圈部分商业项目概览 表 10-1

位置	项目名称	类型	建筑形式	面积区间（m^2）	成交均价（元 /m^2）
南站	万达公馆	住宅底商	1 拖 2/1 拖 3	100~800	31000
卫国道	招商雍华府	住宅底商	1 拖 2	188~900	32000
津滨大道沿线	红星国际	社区商业街	主体 3 层、局部 2 层	30~80	37000
天钢柳林	金地广场 gogopark	社区商业街	地下 1 层、地上 4 层	100~300	33000
高校学府区	融创王府壹号	住宅底商	1 拖 2/ 单层	50~800	60000
	天津科技广场	写字楼 / 公寓底商	1 拖 2	130~400	35000
奥体	时代奥城	写字楼底商	1 拖 2	40~400	43000
海河沿线	海景乐活商业街	商业街	1 拖 2	165~340	36000

数据来源：天津中原数据库

图 10-4 天津市中心城区新建商铺成交价格走势（2010 年 1 月—2012 年 6 月）

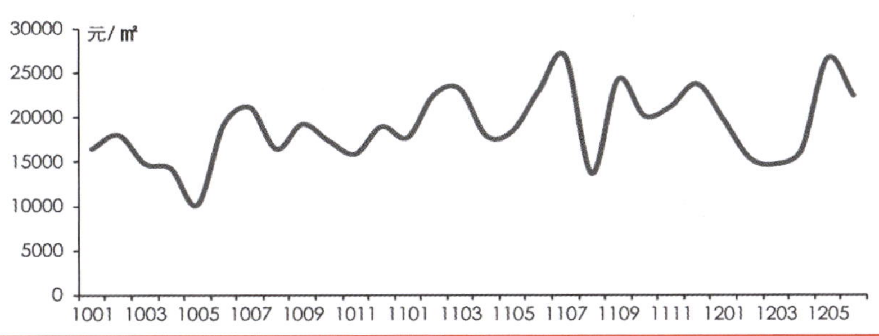

数据来源：天津中原数据库

10.2.4 小面积商铺仍为成交主力

从商铺市场成交宗数来看，2011 年 1—6 月天津新建商铺市场总成交宗数 1626 宗，同比下降 29.2%。100m^2 以下的小面积成交 1036 宗，占全部成交宗数近 63.7%，同比小幅下降 4.6%。其中，大面积成交主要来自于中心城区一些中高端住宅底商及综合体项目的商业。

图 10-5 天津市新建商铺成交面积分布变化（2011 年 1 月—2012 年 6 月）

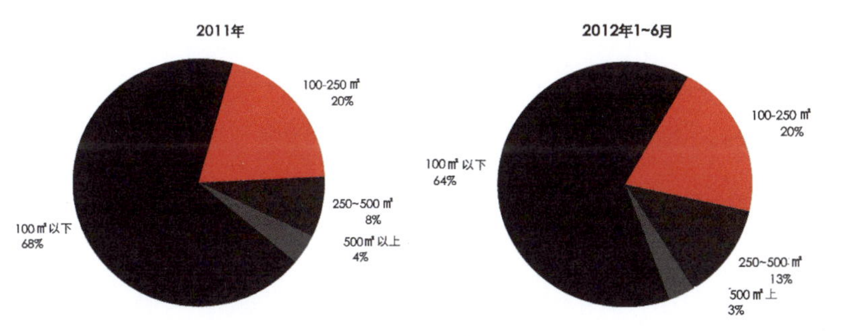

数据来源：天津中原数据库

10.3 后市预测：多元发展 社区商业成主力

10.3.1 天津商业将呈现多中心发展

伴随天津城市化建设的脚步不断加快，天津商业多核心发展也在加速进行中。近几年，天津中心城区不断开发升级，逐渐形成了多商圈齐头并进的新格局。南京路、滨江道、和平路等这些耳熟能详的商圈，不再是天津消费者唯一的选择。新开路商务区、西站商圈、南站 CBD 商务区、海河沿岸、奥体商圈等，这些新兴的区域商业商务中心成为开发商争夺的焦点，新商业项目的进入有望提高商圈整体档次及商业商务水平，促进天津多中心商圈、新商业商务区域的形成。

10.3.2 社区商业项目将作为市场供应的热点

天津现有在租在售及待售商业项目 70 余个，物业类型主要为写字楼商铺、社区商业、综合体及商业街，其中社区商业项目占现有商业项目近 40%，集中分布在南开区、河北区、津南区及武清区，天津社区商业的发展正在由城市核心区域向外围区域扩展。

楼事
Story
京津

京津

低密独栋办公——推动郊区商务快速发展

公共租赁住房——保障房发展的后起之秀

“限购”下“刚需”青睐的住宅类型研究

北京“地王”对楼市的影响研究

大兴区——2012 限购下崛起热销区

30 年河东 价值高企 ——
天津市河东区区域价值发展解构

天津郊区商业化的前前后后

天津工业地产项目开发模式研究

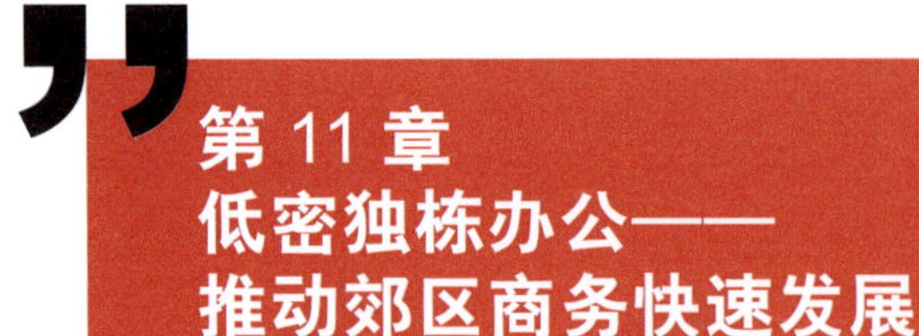

第 11 章 低密独栋办公——推动郊区商务快速发展

北京中原市场研究部　靳瑞欣

鉴于郊区得天独厚的地理条件，北京的产业经济园区在市郊得到快速发展。其中，一种被称为“独栋办公楼”（又称“5O”办公物业）的新型物业产品正在工业产业园区脱颖而出并迅速崛起。

11.1 独栋办公楼及传统商务办公楼区别

目前，我国宏观经济“稳增长”的政策目标正在逐步实现并初见成效。从市场经济发展规律看，经济“稳增长”必定会放大市场对工业地产产品的需求，北京近期正是处于这样一个发展阶段。

北京市的“十二五”规划曾经提出关于产业结构调整的具体方案以及城市规划发展的新格局，目的是促进全市产业经济园区快速发展，以此带动整个北京市经济的全面向上。关于产业经济园区北京市亦有一个长期发展规划，具体体现在对产业经济园区的发展给予多方面政策支持，其中包括：土地优惠政策、借贷优惠政策等。

由于“独栋办公楼”同传统商务办公楼相比具有不可比拟的优势，此类物业正在成为北京市郊产业经济园区重点发展的一大物业产品。

所谓传统商务办公楼，指的是“5A”商务办公物业，具体标准有 OA(办公智能化)、BA（智能化）、CA（通讯传输智能化楼）、FA（消防智能化）、SA（安保智能化）。

所谓“独栋办公楼”，指的是“5O”商务办公物业，即 Oxygen(氧气)、Office Park(花园办公)、Open(开放而自由)、Own(独立冠名权和私家电梯 / 空调)、Opportunity(发展前景)。

两种楼宇相比，“独栋办公楼”显然相比传统商务办公楼更现代化、人性化和生态化。一方面“独栋办公楼”运营成本相对较低，另一方面因具有独立冠名权大大有利于提升企业自身形象和创造出品牌效应，因此“独栋办公楼”已经成为北京市郊市场产业经济园区一匹“黑马”。可以预见，大批坐落于北京市郊的“独栋办公楼”未来具有很大的发展潜力。

11.2 独栋办公楼与甲级写字楼市场对比分析

独栋办公楼与甲级写字大致在 7 个方面有所不同：即供应成交、售价租金、产品形式、入驻客户、个性需求、投资成本和政策扶持等。

11.2.1 独栋写字楼供应量高于甲级写字楼

回顾近几年北京市场甲级写字楼供应情况。2010 年第 1 和第 2 季度，北京市场甲级写字楼供给量处于较平稳状态，第 3 季度出现上升态势，而第 4 季度则开始下滑。

2011 年，北京住宅市场处于低迷状态，同期商业地产市场相对活跃，具体表现在甲级写字楼供应量大幅度上升。随着土地市场供应不断向市郊延伸，北京郊区“独栋办公楼”产品供应不断，且逐步高于甲级写字楼。表明独栋办公楼已成为写字楼市场的主要供给产品。

11.2.2 独栋写字楼售价 / 租价均优势明显

图 11-1 北京市甲级写字楼和独栋办公楼成交价格走势（2010—2012 年 6 月）

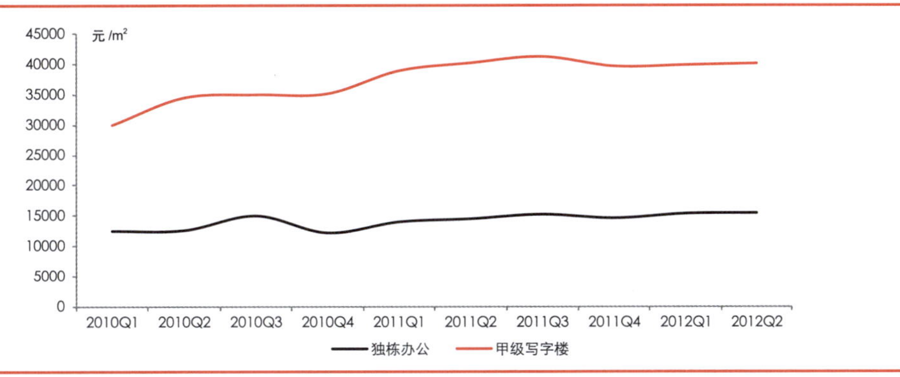

数据来源：北京中原市场研究部

从成交价格情况看，2010 年第 1 季度至 2011 年第 1 季度，北京甲级写字楼成交均价始终处于上升阶段。进入 2012 年，此类写字楼价格基本停止上涨；尽管如此，该段时期北京甲级写字楼成交均价始终高于“独栋办公楼”约 35%。上述现象一方面说明北京市场甲级写字楼长时期以来处于商业地产的主力地位，另一方面说明“独栋办公楼”成本相对比较低廉。

图 11-2 北京市甲级写字楼租金变动趋势（2011—2012 年）

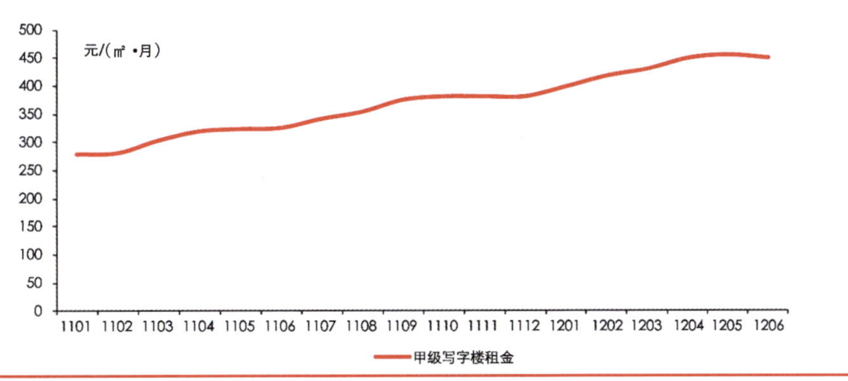

数据来源：北京中原市场研究部

从租赁价格情况看，2010 年以来甲级写字楼租金处于稳步上升趋势，2011 年一季度甲级写字楼租金为 7~8 元 /(m^2• 天)， 2012 年二季度甲级写字楼租金为 12~15 元 /(m^2• 天)，而 CBD 区域写字楼租金更是高达 16~18 元 /(m^2• 天)。相比之下目前独栋写字楼租金为 3~4 元 /(m^2• 天)。

11.2.3 独栋写字楼“三低一高” 景观园林更生态

从写字楼所处的景观和环境角度看，“独栋办公楼”大都坐落在市郊。因而在园林建设上拥有更多的施展空间。那里土地面积广阔，使得那些“独栋办公楼”产品拥有“三低一高”之优势：即低密度、低容积率、低层数以及高绿化率。工作人员处于此种舒适的办公环境之中，更容易激发积极性和脑力智慧，从而大为提高劳动生产率。

从产品业态以及配套角度看，市区甲级写字楼的商业配套仅仅作为办公设施的补充，量少而且单一；而“独栋办公楼”区域由于土地面积较为充裕，可以进行多元化设施配套。不仅可以拥有大型购物中心、商业街以及各种特色时尚业态，还可以配备大批生活配套设施，包括商务停车楼，大型员工餐厅、娱乐休闲区设施等。更为重要的是，因为区域内还拥有一批纯住宅社区，不但缓解了办公人员的居住问题，而且还增加大量人气促使该区域走向良性循环。

11.2.4 独栋写字楼入驻客户范围广

从 2 类产品入驻客户类型看，入驻甲级写字楼基本上分 2 类；入驻“独栋办公楼”的基本上分 4 类：

前者第 1 类是一些大型国有企业和跨国公司。这类企业往往资产规模大财力雄厚，能够承担城市核心地区较高的土地价格和办公租金，他们通常会在核心区内购买或租赁多层甚至整栋甲级写字楼。另 1 类往往是金融、咨询等服务类企业。这类企业对办公地理位置以及交通商务环境较为重视，而且依赖度也较高。由于这类企业职工规模较小，可以承担核心区域内甲级写字楼的租金。

后者第 1 类大都是已经发展到一定规模的中型民营企业。这类企业拥有一定的财力和员工规模，基本形成自己的上下游“产业链”，客户群体也较为稳定。他们尽管较为注重经营企业的品牌和形象，但是并不过分依赖办公的地理条件。第 2 类是一批从大型企业集团分离出来的职能部门发展而成的子公司或者分公司。他们不仅承担集团公司内部的业务，同时也承接外面其他公司的业务，相对于集团而言具有一定的独立性。

第 3 类是一些外埠进京企业。这类企业一方面较为注重公司的独立形象，故愿意将“独栋办公楼”作为其开拓北京市场一个基地；一方面需要面积较大的办公物业，而在中心城区难以满足这个要求。第 4 类是一批创智型企业。这类企业大都是智力密集型企业，对办公物业的生态环境和创新氛围有较高要求，“独立办公楼”恰恰是他们较为青睐的一类办公楼宇。

11.2.5 品牌树立和个性化各具特色

“独栋办公楼”拥有独立冠名权的优势往往是一批中小型企业追求的目标。这类企业往往比较强调自身企业的独立性和个性化特色，“独栋办公楼”在这方面可以满足这类企业的要求。尤其是“独栋办公楼”拥有独立建筑大堂、独立电梯、独立员工餐厅，甚至富有特色的员工会所等，这对这些企业在企业文化和品牌宣传等方面都会产生“催化剂”作用。故相比较市区甲级写字楼，“独栋办公楼”所在的经济产业园区进入门槛较低，更适合中小型企业的需求。

11.2.6 投资成本低 更具投资效益

相对于市区的甲级写字楼，“独栋办公楼”售价和租价较低，在企业一次性投资成本上具有一定优势。而入驻市区甲级写字楼则需要高昂成本，除购买或租赁费用高企之外，每月还需支付物业管理费、停车费等一系列费用；

“独栋办公楼”除了一次性投资成本较低外，平时物业管理费用也相对低廉。其中一个最大优势是，这里拥有数量充沛的停车泊位，可节约大量车用资金。

鉴于“独栋写字楼”产权明晰，这种产品还可用作融资平台。企业可以通过抵押进行多次融资，将融资获得的资金拥有其他事业。

11.2.7 优惠政策扶持 两者大相径庭

在政策扶持方面，“独栋办公楼”所处的经济产业园区显然优势更大。

由于市郊经济产业园区属于地方政府重点发展区域，政府部门大都视作其为“发财之摇篮”，一般都给予较大优惠政策以吸引客户进驻。这对于一批成长型企业来说，无疑具有很大吸引力。相比市区甲级写字楼，所谓“优惠政策”则少之又少。

11.3 独栋办公楼分布区域及项目案例分析

目前，“独栋办公楼”大都分布在北京市郊区域，而且大都依托经济产业园区开发建成的。此类产品主要分布在 5 个区域，即：西北五环外的海淀科技园区域，西南四环外丰台区的总部基地区域，东北五环外的顺义空港区域，东五环外通州商务区域，东南五环外北京经济开发区。

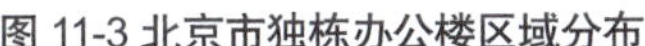

图 11-3 北京市独栋办公楼区域分布

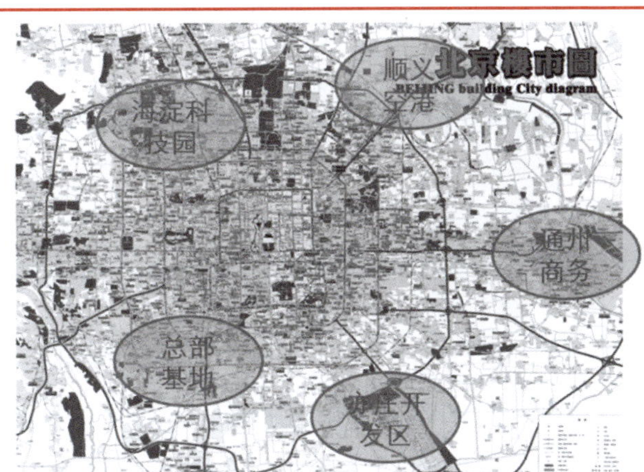

数据来源：北京中原市场研究部

北京独栋办公项目列表　　表 11-1

项目名称	区域	区位环境
原动力空间 2 期	1. 海淀科技园区域	1. 西北部地区的 IT 产业环境　2. 环保园的生态环境
翠湖科技园云中心	1. 海淀科技园区域	1. 西北部地区的 IT 产业环境　2. 环保园的生态环境
总部国际	2. 丰台区总部基地	1. 毗邻市区　2. 总部经济的聚合效应
总部基地（东区）	2. 丰台区总部基地	1. 毗邻市区　2. 总部经济的聚合效应
空港 MAX	3. 顺义空港区	1. 机场　2. 临空经济　3. 会展经济
北京 LINK	3. 顺义空港区	1. 介于市区和机场之间　2. 快捷高效的连通效应
泰达科技园	3. 顺义空港区	1. 机场　2. 临空经济　3. 会展经济
金融街园中园	4. 通州区	1. 毗邻 CBD 2. 通州商务区
BDA 国际企业大道	5. 亦庄核心区	1.BDA 的高端产业环境 2. 生态环境 3. 成熟的综合配套环境
BDA 芯中心	5. 亦庄核心区	1.BDA 的高端产业环境 2. 生态环境 3. 成熟的综合配套环境
嘉捷科技园	5. 亦庄核心区	1.BDA 的高端产业环境　2. 生态环境
汇龙森国际企业港	5. 亦庄路东区	1.BDA 的高端产业环境　2. 生态环境
天骥智谷	5. 亦庄路东区	1.BDA 的高端产业环境　2. 生态环境
BOX 企业汇	5. 亦庄路东区	1.BDA 的高端产业环境　2. 生态环境
VITA 国际	5. 亦庄路东区	1.BDA 的高端产业环境　2. 生态环境

数据来源：北京中原市场研究部

11.3.1 海淀科技园区

海淀科技园区拥有 2 个低密“独栋办公楼”项目，总体量 30.74 万 m^2。办公面积为 30.15 万 m^2，其余为配套面积。其中，翠源科技园建筑面积为 24.74 万 m^2；容积率约 1~2 之间，绿化率约 30%~50%。该“独栋办公楼”客户群主要是具备准入优惠条件的企业，这在西北区域形成的科技园区内的客户背景一样，大都属于科技研发类企业。

海淀科技园项目基本指标　　表 11-2

项目基本指标	原动力空间 2 期	翠湖科技园云中心
建筑面积（万 m^2）	6.0 万 m^2	24.74 万 m^2
独栋办公面积（万 m^2）	6.0 万 m^2	24.15 万 m^2
占地面积（万 m^2）	3.7 万 m^2	19.15 万 m^2
容积率	1.630	1.2
绿化率	0.401	0.3
规划	四组连排	—
建筑外观	简洁规整，样式单调	现代气息
景观	每户独立庭院	六维园景

数据来源：北京中原市场研究部

海淀科技园项目产品特点　　表 11-3

项目基本指标	原动力空间 2 期	翠湖科技园云中心
户型	3300m^2 联排	1300~4500m^2,2500~7000m^2, 1800~3100m^2,3000~4500m^2
层高	3.5m 层高	2.8~6.9m 层高
楼层数	地上 5 层	2 层、3 层及 2、3 层组合式
车位数（个）	300	1000
车位配比（个 / 万 m^2）	50	41
项目配套	一期约 1 万 m^2 商业配套	5890m^2 会所

数据来源：北京中原市场研究部

海淀科技园项目租售及客群情况　　表 11-4

项目基本指标	原动力空间 2 期	翠湖科技园云中心
目前销售均价 （元 /m^2）	已售罄 二手 18000~20000	在售价 22000
目前出租价格 （元 /(m^2・天)）	3	—
物业费 （元 /(m^2・月)）	7	3
目前项目租售现状	已经售罄，目前在租	2011 年 10 月 12 日开盘，1~7 号创意工坊共 4 套且已售出

数据来源：北京中原市场研究部

11.3.2 丰台总部基地

丰台总部基地建造于2003年，是北京最早采用低密度“独栋办公楼”形式开发建造的聚合式总部基地。包括总部国际和总部基地（东区）两个项目总体量约 155 万 m^2。其中“独栋”办公楼面积 127 万 m^2。总部基地涉及的产业较多，客户群范围较广。其中，国企占比 60%、民营企业占比 30%、合资企业占比 10%。凡入驻该总部基地并符合科技园条件的企业客户，均可享受中关村科技园制定的优惠政策。包括企业经营所得税按 15% 税率征收、高新技术企业自注册日起 3 年免征所得税，第 4 至第 6 年按 7.5% 税率征收所得税。

丰台总部基地项目基本指标　　表 11-5

项目基本指标	总部国际	总部基地（东区）
建筑面积（万 m^2）	22 万	130 万
独栋办公面积（万 m^2）	17 万	110 万
占地面积（万 m^2）	12 万	65 万
容积率	1.500	1.59
绿化率	0.394	0.50
规划	整体均匀排布	围合式布局
建筑外观	简洁商务感	简洁商务感
景观	中心下沉式庭院、私属绿坡地庭院、集会休闲水景广场、步行林荫道	中心下沉式园林广场

数据来源：北京中原市场研究部

丰台总部基地项目产品特点

表 11-6

项目基本指标	总部国际	总部基地（东区）
户型	5000~6500m^2	5000~16000m^2 独栋
层高	3.4~3.5m 层高，首层 4.5~5.8m	3.9m 层高，首层 5.1m
楼层数	地上 4~8 层	地上 11~15 层
车位数（个）	约 900	—
车位配比 （个 / 万 m^2）	53	65
项目配套	500m 特色商业走廊	商业及酒店配套

数据来源：北京中原市场研究部

丰台总部基地项目价格及租售现状

表 11-7

项目基本指标	总部国际	总部基地（东区）
目前销售均价 (元 /m^2)	售罄	售罄
	二手 22000 左右	二手 22000 左右
目前出租价格（元 /（m^2·天））	3.2	3.3
物业费 (元 /（m^2·月）)	3.98	3.98
目前项目租售现状	处于出租状态	处于出租状态

数据来源：北京中原市场研究部

11.3.3 顺义空港区

顺义空港区拥有 3 个“独栋办公楼”项目，总体量为 37 万 m^2，独栋办公面积为 20.7 万 m^2。其中，空港 MAX 项目体量较大，为 20 万 m^2，容积率 1.168 。

顺义空港区涉及产业较多，客户群范围较广。其中，国企占比 50%、民营企业占比 30%、外资（合）企业占比 20%。

顺义空港区项目基本指标

表 11-8

项目基本指标	空港 MAX	北京 LINK	泰达科技园
建筑面积（万 m^2）	20.0 万	8.0 万	9.0 万
独栋办公面积（万 m^2）	14.8 万	5.9 万	9.0 万
占地面积（万 m^2）	14.0 万	6.0 万	6.7 万
容积率	1.168	1.30	1.53
绿化率	0.350	0.30	0.38
规划	69 个独栋分成 2 组，整体均匀分布	5 个组团的 21 栋独栋办公建筑，加上 A 栋商业和 G 栋酒店，形成围 合式建筑群	82 栋独栋花园式组团
建筑外观	高档现代个性鲜明气派	个性外观：九宫格、电路板、电视机面板，高档、科技感	新古典学院派
景观	分散分布的下沉庭院和园林小品	中心绿地、步行广场	中央景轴—组团庭院—栋间绿化三重景观体系

数据来源：北京中原市场研究部

顺义空港区项目产品特点　　表 11-9

项目基本指标	空港 MAX	北京 LINK	泰达科技园
户型	800~1600m^2 双拼三拼四拼，1200~2000m^2 独栋	1800~6000m^2 纯独栋	1000~5000m^2 纯独栋
层高	3.9m 层高，顶层 6.35m 坡顶	3.2~4.2m 层高	3.6~4.5m 层高
楼层数	14 万地上 4~4.5 层	地上 4 层	地上 5~7 层
项目配套特点	空港 MAX	北京 LINK	泰达科技园
车位数（个）	约 500	500	一期地上 160 二期地下停车位
车位配比（个 / 万 m^2）	34	85	50
项目配套	5.2 万 m^2 酒店及步行商业街	1.6 万 m^2 临街商业，8000m^2 酒店	主要依靠临空经济发展

数据来源：北京中原市场研究部

顺义空港区项目价格及租售现状　　表 11-10

项目基本指标	空港 MAX	北京 LINK	泰达科技园
目前销售均价 （元 /m^2）	在售 18000	售罄	网上暂定价
二手均价（元 /m^2）	—	二手价 21000	14000
目前出租价格（元 / （m^2·月））	—	3.50	—
物业费 （元 / （m^2·月））	8.55	4.30	6.50
目前项目租售现状	4 栋独栋办公待售	已售罄，出租状态	待售预售许可证办理中

数据来源：北京中原市场研究部

11.3.4 通州商务区

通州商务园区是目前北京规模最大的滨水高端商务园区，属于国家重点规划的 4 大金融后台服务项目之一。该园区是地方政府重点打造的电子商务聚集区，客户群主要是金融类企业总部。

金融街园中园是该园区内首个低密度“独栋办公楼”项目，投资规模超 10 亿元，总建筑面积 33.24 万 m^2。

通州商务区项目基本指标

表 11-11

项目基本指标	金融街园中园
建筑面积（万 m^2）	33.24
独栋办公面积（万 m^2）	5.00
占地面积（万 m^2）	30.70
容积率	1.08
绿化率	0.40
规划	水岸独栋、定制化写字楼和组团化办公
建筑外观	现代简约式的建筑风格
景观	坡地式园林、下沉式庭院设计

数据来源：北京中原市场研究部

通州商务区项目产品特点

表 11-12

项目产品特点	金融街园中园
户型	550~900m^2
层高	4.2 层高
楼层数	5 层
车位数（个）	2190
车位配比（个 / 万 m^2）	80
项目配套	酒店及商务配套 38.29 万 m^2，住宅 63.11 万 m^2

数据来源：北京中原市场研究部

通州商务区项目价格及租售现状

表 11-13

项目价格	金融街园中园
目前销售均价 （元 /m^2）	均价 17000
目前出租价格 （元（m^2·月））	—
物业费（元 /（m^2·月））	暂无资料
目前项目租售现状	出售状态

数据来源：北京中原市场研究部

11.3.5 亦庄区

亦庄区低密度“独栋办公楼”总建筑面积超过 100 万 m^2，容积率约 1.20~2.20 之间；区内“独栋办公楼”楼层普遍较低，个别建筑是小高层；

因地处开发时的目标是打造低密度绿色办公园区，整体企业独栋项目普遍容积率较低。建筑外立面均为玻璃墙或干挂石材，形成企业独栋集群，整体商务氛围极为浓厚。

其中 BDA 国际企业大道，为甲级办公楼群和企业“独栋办公楼”相结合的建筑群体，容积率相对较高。楼层为高层和低层相结合，高层外立面均为纯玻璃幕。

区内“独栋办公楼”租金约 2.5~3.6 元 /m^2• 天，入住率较高；售价约 8000~14500 元 /m^2，销售率超 80%。

亦庄区独栋项目指标数据

表 11-14

项目名称	容积率	写字楼体量	楼层	标层面积（m^2）	租金（天 / m^2）	入住率	售价（%）	销售率（%）	租售状况
BDA 国际企业大道	3.50	30.0 万	6~18 层	500-800	2.8-3.6 元	85%	—	100%	企业在租
BDA 国际企业大道	1.50	11.5 万	6 层	400-1100	—	98%	1.45 万	约 98%	在售
嘉捷科技园	1.20	8.4 万	4 层	300-1200	—	90%	8000 元	约 90%	在售
汇龙森国际企业港	1.50	9.5 万	4~6 层	1000	2.5 元	98%	8600 元	98%	租售
天骥智谷	2.20	24.0 万	4~6 层	400-800	—	—	1.27 万	—	在售
BOX 企业汇	1.50	9.3 万	4~6 层	300-1000	—	—	1.15 万	80% 左右	在售
VITA 国际	1.92	16.0 万	6~19 层	700-1000	—	—	1.40 万	85% 左右	在售

数据来源：北京中原市场研究部

亦庄区独栋项目价格及租售现状

表 11-15

项目名称	租金（天 / m^2）	入住率	售价（元 / m^2）	销售率 (%)	租售状况
BDA 国际企业大道	2.8-3.6 元	约 85%	—	1	企业在租
BDA 芯中心	—	0.98	1.45 万	约 98%	尾盘在售
嘉捷科技园	—	0.9	8000	约 90%	在售
汇龙森国际企业港	2.5 元	0.98	8600	0.98	租售
天骥智谷	—	—	1.27 万	—	在售
BOX 企业汇	—	—	1.15 万	80% 左右	在售
VITA 国际	—	—	1.4 万	80% 左右	在售

数据来源：北京中原市场研究部

亦庄区依托于 BDA 发展，大都是电子信息、生物医药、汽车制造、装备制造等生产性服务业总部，或者大企业的分支机构；上述企业大都购买或租用独栋办公楼，需求面积约 2000~3000m^2/ 栋。

亦庄区独栋项目需求特征

表 11-16

亦庄区独栋需求	具体需求特征内容
行业特征	电子信息通信业、汽车服务业、医药生物研发生产基地、装备制造业
企业特征	国内外知名企业，实力雄厚，市场化程度高；生产型企业较多
置业特征	多以购买独栋产品，或自建房，自用为主，因此会选择性价比较高的项目，同时以整个区域、项目冠名；偏好正南正北户型、要求相对方正且使用率较高的户型、国企偏好石材立面；
面积需求	主力需求面积区间 2000~3000m^2/ 栋
举例	诺基亚、同仁堂、北京奔驰—戴姆勒·克莱斯勒汽车等

数据来源：北京中原市场研究部

11.4 独栋办公楼市场发展前景

可以预见，未来5年“独栋办公楼”市场需求将量越来越大，原因有4点：

11.4.1 住宅市场调控迫使开发商转战商业和工业地产市场

鉴于2010—2011年国内住宅市场调控不放松，迫使住宅市场成交量大幅度下滑。2012年住宅调控政策继续不放松，使得大批开发商转投商业和工业地产市场。其中，尤以企业“独栋办公楼”产品为主要开发方向。根据北京目前“独栋办公楼”发展态势，该产品已经成为郊区商务办公的主流，

11.4.2 产业结构调整令成长型企业增加对该产品市场需求

2009年以来，北京市新城规划大都向市郊拓展，因而带动北京市整个产业结构进行重新布局。以总部基地为基础的产业结构扩大了对“独栋办公楼”产品的需求

未来北京市产业结构调整的主要方向是：大力扶持和发展创智型高端服务业和成长型企业。此类企业的经营特点和经营理念决定其需要走“创品牌、降成本、提效率”之路，而此种经营方式正好同“独栋办公楼”形式相吻合。

还有，现代化城市“办公郊区化”观念和趋势日益明朗，同样增加了市场对该产品的需求。

11.4.3 现代企业形象和品牌的展示增加对该产品市场需求

现代企业需要形象和品牌的对外展示，这大大增加市场对该产品的需求。

美国《财富》杂志有一个统计：美国前500家大公司中，1965年有47家总部设在郊区，1969年增加到56家，1974年猛增到128家，1978年则再增至170家。显然，现代化城市“办公郊区化”特征越来越明显。而企业“办公郊区化”则大都会选择“独栋办公楼”产品。

随着社会和市场的不断发展和进步，现代企业更加注重企业品牌和形象。相对于市区传统甲级写字楼，“独栋办公楼”所拥有的独立冠名权、独立大堂、独立的电梯、独立员工餐厅、独立员工会所等，该产品拥有巨大优势。

11.4.4 成本低廉促使愈来愈多中小成长型企业需求量大增

市郊“独栋写字楼”最大的优势在于成本低廉，这将吸引越来越多中小成长型企业入驻，只要其价格水平始终低于市区甲级写字楼，这种趋势一时是不会改变的。正当北京向国际化城市发展，随着郊区不断繁荣发展，“独栋办公楼”的市场需求将会逐步增长。

第 12 章 公共租赁住房 —— 保障房发展的后起之秀

北京中原市场研究部　王珍珍

中国保障房体系建立至今仅 10 余年时间，而公共租赁住房建设也仅处于初级阶段。国家“十二五”规划明确提出，重点发展公共租赁住房，为逐步使其成为保障性住房的主体，保障性住房体制由“租售并举”转化为“租售并举，以租为主”，公租房建设和发展任重道远，步入快速发展期。目前，公共租赁住房建设、资金筹集、分配、运营、使用、退出和监管各方面都不尽如人意，要使我国公共租赁住房开发建设真正步入有序、健康和完善发展之轨道，还有很长的路要走。

12.1 公租房的确立和发展历程

12.1.1 公共租赁住房的定义

公共租赁住房（即公租房），2012 年 6 月，国家住房与城乡建设部发布的《公共租赁住房管理办法》，对公共租赁住房进行了明确定义，指出限定建设标准和租金水平，面向符合规定条件的城镇中等偏下收入住房困难家庭、新就业无房职工和在城镇稳定就业的外来务工人员出租的保障性住房。

12.1.2 公共租赁住房建设的意义

公共租赁住房通过新建、改建、收购、长期租赁等多种方式筹集，可以由政府投资，也可以由政府提供政策支持、社会力量投资。公租房是继廉租房、经济适用房、限价房，作为保障房体系中的后起之秀，它承担着确保“住有所居”的重要职能，在保障性安居住房体系有关键的必要性。

■　公共租赁住房是解决“夹心层”重要渠道

随着保障房体系中的廉租住房、经济适用住房建设以及棚户区改造力度的逐步增强，生活在城市最底层的低收入家庭其住房条件得到较大改善。但是，由于目前的住房保障体系覆盖范围相对较小，社会上有一大批中等偏下收入的住房困难家庭并没有受惠。这批人被称为“夹心层”，他们也急需改善居住条件。此时，发展公租房就成为缓解“夹心层”居住条件的重要途径。

■　城镇化速度加快与住房急需改善的现状

由于我国城镇化建设发展速度不断加速，城镇中的住宅建设远远跟不上形势。截止 2011 年底，北上广深等一线城市目前的城市化率普遍达到 80% 以上。然而，正是这些一线城市，其商品住房市场越来越处于供不应求之境地。房价快速上涨、需求逐步加大，于是“夹心层”的处境越来越困难。此时，若引入小户型公租房机制，对缓解“夹心层”的居住困难实在是一场“及时雨”。

■　培育和优化公租房机制可维稳房价

今天，加快培育和优化房地产租赁市场，满足“夹心层”即城镇中等偏下收入家庭的基本住房需求，是调整房地产市场供应结构的必然要求。在不断完善租赁和出售型保障住房供应进程中，实现公租房与廉租房的“双轨合并”，确保全面实现“夹心层”的“住有所居”目标，对遏制飞速上涨的房价具有重大意义。

12.1.3 公共租赁住房的发展历程

早在 1998 年，我国就实施住房制度改革，确立了商品房和保障房“双轨并举”的住房发展规划和体系。然而，国内的商品房市场突飞猛进地向前发展，而保障房建设却长期处于滞缓状态。直到 2007 年 9 月，国家财政部正式颁布《关于贯彻落实国务院关于解决城市低收入家庭住房困难若干意见的通知》，明确要尽快解决城镇中低收入家庭的住房困难问题。此时，国内才开始加快保障房的开发建设进程，保障房建设真正驶入了“快车道”。2010 年，国务院正式下达年度 580 万套保障型安居房的建设任务，并辅以严厉的“问责制”以确保保障房建设任务的完成。至此，国内的保障房建设才真正落实到行动之中。

- 公共租赁住房机制政策体系的建立

2009 年《政府工作报告》曾经提出要“积极发展公共租赁住房”，这是国家首次提出建立公租房体制。次年 6 月，国家住建部联合 7 部委颁布《关于加快发展公共租赁住房的指导意见》，强调发展公租房意义、原则、管理、筹集、政策支撑和监管等内容，为公租房的建设管理工作提供政策依据。2012 年 6 月，住建部发布《公共租赁住房管理办法》，再次明确对公租房的管理，包括保障公平分配、规范运营与使用、健全退出机制等，还涉及到公租房的分配、运营、使用、退出和管理等内容。至此，我国的公共租赁住房政策体制逐步趋于完善。

- 公共租赁住房建设的土地、税收政策

2010 年 9 月，国家财政部和税务总局联合颁布《关于支持公共租赁住房建设和运营有关税收优惠政策的通知》，对公租房建设用地税收政策作出规定。内容涉及占地免征使用税，用单位建造、转让、经营、赠与公租房免除或优惠印花税、契税、土地增值税等。其中特别强调，对于单位所得租金收入，免征营业税和房产税。

- 公共租赁住房多渠道的资金来源

排兵布阵首先要“兵马未动，粮草先行”，资金是确保公共租赁住房建设的根本“粮草”。2010 年 7 月，财政部、住建设部印发有关通知，要求各地“多渠道筹措资金”以确保公租房项目资本金足额到位。《通知》明确，投资主体分别由企业和政府为主，资金来源要立足于政府预算安排资金，特别是地方政府债券资金要优先用于公共租赁住房等保障性安居工程。次月，银监会发布《关于认真做好公共租赁住房等保障性安居工程金融服务工作的通知》，提出对政府投资建设的公租房项目允许发放贷款，并给予支持和利率优惠。同时明确，要建立地方政府融资平台公司。2012 年 6 月，住房城乡建设部等 7 部门发出通知，鼓励和引导民间资本通过直接投资、间接投资、参股、委托代建等多种方式参与公租房等保障性安居工程建设。并要求集合政府、社会多渠道筹集资金来源，大力支持公租房建设。

12.1.4 公共租赁住房“十二五”计划

随着我国公租房体系和政策法规逐步完善，关于公租房的土地、税收等鼓励机制以及融资渠道等方面的建全，公租房开始步入快速发展轨道。国家“十二五”期间，我国将建设 3600 万套保障房，争取全国保障性住房覆盖面达到 20%。“十二五”规划重点提出优先发展公共租赁住房，并促使公租房成为保障性住房体系中的主体。

12.2 北京公租房的建设和发展

北京作为中国的政治、文化、经济的中心，在公租房建设方面身先士卒，近几年发展进程不断加速，初步确立健全和完善了公租房的建设机制。在公租房来源方面，北京通过新建、改建、收购、长期租赁等多种方式筹集公租房。实行“谁投资、谁所有”的机制，在投资者房屋所有权证上注明“公共租赁住房”字样及用地性质。在公租房资金筹措方面，北京确定由政府投资或者由政府提供政策支持的社会力量投资等机制。在公租房分配对象方面，北京确定相关规定条件，即城镇中等偏下收入住房困难家庭、新就业无房职工和在城镇稳定就业的外来务工人员等 3 类人群。在公租房使用方面，北京规定租期不超过 5 年（属于短期公租房）。在公租房管理和运营方面，北京规定由所有权人及其委托的运营单位管理运营。

12.2.1 北京公租房受惠人群

公共租赁住房资格申请、审核按照北京市现行的保障性住房“三级审核、两次公示”制度，面向 3 种情况下的人群配租：

第一类，廉租住房、经济适用住房、限价商品住房（以下统称“保障性住房”）轮候家庭。这批对象享有优先配租权。

第二类，申请人具有本市城镇户籍，家庭人均住房使用面积 15m^2（含）以下；3 口及以下家庭年收入 10 万元（含）以下、4 口及以上家庭年收入 13 万元（含）以下。

第三类，外省市来京连续稳定工作一定年限，具有完全民事行为能力，家庭收入符合上款规定标准，并能够提供同期暂住证明、缴纳住房公积金证明或社会保险证明，本人及家庭成员在本市均无住房的人员。

12.2.2 北京公租房的来源和运营

公共租赁住房实行“谁投资、谁所有”，在投资者房屋所有权证上注明“公共租赁住房”字样及用地性质。而对于公租房来源，有以下 3 种主要途径。

■ 市、区县人民政府

新建公共租赁住房采取集中建设和配建相结合的方式。其中，集中建设采用划拨方式供应，可采取委托代建、项目管理等多种方式组织建设；配建则是按照一定比例进行开发和建设，建成后回购房源。其中的收购方式指的是，收购尚未配售、剩余定向安置住房、新建普通商品住房及社会存量房源。长期租赁指的是，从定向安置住房和商品住房等房源中的长期租赁部分以及区域内适当的房源中拿出部分配租给公租房申请家庭。

■ 产业园区管理机构或者所属企业

主要用于解决引进人才和园区就业人员住房困难。例如，海淀、亦庄的一些园区已经面向职工配租园区公租房，至今已经配租了数千套，有 1 万多园区职工配租到了园区公租房。

■ 符合规划条件的社会单位

部分社会单位和企业在符合规划条件的基础上，可以利用自用国有土地建设公租房并长期持有和运营。对实施产业结构调整后腾出的厂房、工业用房等房屋，可依照规划按照公租房建设标准改建为公租房。例如，芍药居 10 号院公租房项目是北京首个利用废弃厂房、办公楼用地改建的公租房项目，目前已进入控规指标调整阶段。在该房源中还将增建养老机构。

12.2.3 北京公租房资金来源

目前，北京已经确立了廉租住房与公租房并轨的机制。公租房资金来源主要是土地出让净收益、住房公积金增值收益、政府债券收入、银行贷款、创新财政支持等，并规定资金统筹用于公租房建设、收购、运营和租金补贴。

北京市由市国资委出资建立了北京市保障性住房建设投资中心（以下简称“市投资中心”）负责筹集建设、收购和运营管理公共租赁住房所需资金。“十二五”时期，由北京市保障性住房建设投资中心持有的市级统筹公租房将达到 15 万套，全部投资达到了 1600 亿元，其中的 1200 亿元将通过市场化融资解决。截至 2012 年 7 月 20 日，市投资中心已经与 7 家商业银行签署了战略合作协议，共获得 1250 亿元综合授信；与其他数家银行的战略合作也正在洽谈中，预计后期还将获得 1000 亿元的授信。

北京市获取的公租房综合授信资金情况（截至 2012 年 7 月 20 日） 表 12-1

机构名称	时间	金额（亿元）	合作方式	备注
北京银行	2011-10	200	贷款授信	未来 3 年内，目前专款授信用于海户新村项目、豆各庄项目
中国农业银行	2012-7	300	意向性授信额度	—
北京农商银行	2011-10	50	贷款授信	—
中信银行	2011-8	5	贷款	—
中国银行	2012-3	300	综合授信	作为首笔贷款，期限 15 年，金额 10920 万元用于丰台彩虹家园公租房项目回购
华夏银行	2012-6	205	综合授信 + 私募债券	1. 综合授信 100 亿元； 2. 承接私募债券融资 105 亿元截至 6 月 8 日，中心完成 130 亿元私募债发行和承接工作

数据来源：北京中原市场研究部整理

12.2.4 北京公租房用地

北京市公租房用地供应为国土部门单独规划的公共租赁住房建设用地。此外，国土部也会在普通商品住房土地使用权招标拍卖挂牌合同中要求配建一定比例的公共租赁住房。具体内容为，市国土部门可供应由投资机构和房地产开发企业投资建设、持有和运营，土地采取租赁或出让方式供应，并按照政府规定的租金标准面向取得公共租赁住房备案资格的家庭配租。投资机构和房地产开发企业建设、持有并运营的公共租赁住房出租一定年限后，可由市、区县人民政府指定机构按照保障性住房标准回购或经市政府批准调整为其他性质的保障性住房。

“十二五”期间，北京计划住宅用地 9300hm^2，其中保障房用地 4800hm^2。在保障房用地中，公共租赁住房 (含廉租房) 用地 900hm^2。2012 年北京共租房用地计划 160hm^2，占住宅用地的不到 1/10。

北京国土资源部门在加大普通商品住房土地使用权招标拍卖挂牌合同中，要求配建公共租赁住房的数量从 2009—2012 年已达到 18 块。其中 2011 年 9 块，2012 年截至 7 月 20 日累计 4 块。

北京市配建公租房地块的招拍挂情况（截至 2012 年 7 月 20 日）

表 12-2

宗地名称	宗地位置	建筑面积（万 m^2）	成交日期	成交价（亿元）	受让单位
海淀区西二旗公共租赁住房项目	海淀区西二旗	5.10	2009 年 8 月 31 日	1.26	北京市安达房地产开发公司
北京市昌平区小汤山公租房项目	昌平区小汤山镇	7.03	2010 年 7 月 30 日	3.38	北京翰宏基业房地产开发有限公司
北京市大兴区地铁亦庄线旧宫东站公租房项目	大兴区旧宫镇	19.09	2010 年 11 月 19 日	13.60	北京富力城房地产开发有限公司和北京极富房地产开发有限公司联合体
顺义区牛栏山镇公租房项目	顺义区牛栏山镇	15.34	2010 年 11 月 24 日	11.97	重庆龙湖地产发展有限公司
北京市大兴区生物医药基地东公租房项目	大兴区北臧村镇	25.29	2010 年 12 月 23 日	20.00	金融街控股股份有限公司
海淀区西三旗建材城公租房项目	海淀区西三旗建材城东	13.60	2011 年 7 月 18 日	10.10	北京金隅程远房地产开发有限公司
北京市朝阳区管庄北二里公租房项目	朝阳区管庄	22.50	2011 年 8 月 8 日	14.82	北京信远置业有限公司
北京市通州区永顺镇珠江国际家园公租房项目	通州区永顺镇	10.18	2011 年 8 月 31 日	4.06	北京珠江房地产开发有限公司
丰台区郭公庄车公租房项目	丰台区花乡郭公庄	62.92	2011 年 9 月 16 日	33.51	北京万科企业有限公司、北京市基础设施投资有限公司和北京京投置地房地产有限公司联合体
丰台区卢沟桥乡公租房项目	丰台区岳各庄新村	14.59	2011 年 9 月 23 日	22.20	北京京大昆仑房地产开发有限公司和北京振兴亚北土地开发有限公司联合体
顺义新城第 20 街区公租房项目	顺义新城第 20 街区	13.02	2011 年 9 月 29 日	5.38	北京海航顺投置业有限公司、北京首都航空有限公司、海航置业控股（集团）有限公司与天津市大通建设发展集团有限公司联合体
北京市通州区台湖镇公租房项目	通州区台湖镇	28.77	2011 年 9 月 30 日	8.24	北京硕日新宇投资有限公司
延庆县新城街区公租房项目	延庆县西丁路	2.60	2011 年 11 月 3 日	0.25	北京市广厦房地产开发公司
门头沟区黑山公租房项目	门头沟区门城黑山	13.92	2011 年 12 月 29 日	11.01	北京昊泰房地产开发有限公司
门头沟区龙泉镇公租房项目	门头沟区龙泉镇	4.18	2012 年 6 月 18 日	2.79	北京鹏辉房地产开发有限公司
北京市大兴区庞各庄镇镇区公租房项目	大兴区庞各庄镇	10.70	2012 年 7 月 16 日	4.80	北京众美房地产开发有限公司
北京市大兴区旧宫镇公租房项目	大兴区旧宫镇	13.82	2012 年 7 月 17 日	22.00	中冶置业集团有限公司和北京市第五建筑工程有限公司联合体
北京市通州区永顺镇公租房项目	通州新城西北端温榆河畔	18.37	2012 年 7 月 17 日	9.40	北京中鑫源房地产开发集团有限公司

数据来源：北京中原市场研究部整理

北京公共租赁住房管理是按照“谁持有、谁管理”的原则实施，即出租型保障性住房的使用、监督和管理工作由房屋产权单位负责。同时要求房屋产权单位与承租家庭在所签订的房屋租赁合同中明确约定各类违规行为及相应的违约责任，直至解除合同。

12.3 北京公租房项目分布及交易状况

12.3.1 2012 年北京公租房配租 1.5 万套

“十二五”期间，北京市将建设收购各类政策性住房100万套，其中公共租赁住房30万套。回顾近2年，2011 年全市新建、收购公共租赁住房 6 万套，竣工 1 万套以上，配租 1 万套。2012 年计划全年新建、收购公共租赁住房 6 万套，竣工交用 1 万套，计划配租 1.5 万套，占到年内公开配租配售保障房数量的 60% 以上。

北京主要的收购公租房项目（截至 2012 年 7 月 20 日） 表 12-3

区县	项目名称	建筑面积（万 m^2）	房屋套数（套）	项目进展
朝阳区	大羊坊	0.50	125	现房
朝阳区	汇鸿家园公共租赁住房项目	9.44	1596	待建
朝阳区	豆各庄公租房项目	—	5100	回购阶段
朝阳区	海户新村公租房项目	—	—	回购阶段
朝阳区	常营三期公租房项目	—	—	回购阶段
朝阳区	温泉 C03 公租房项目	—	—	回购阶段
朝阳区	原叶美苑公租房项目	—	—	部分开始配租
通州区	通州区润枫领尚公租房项目	2.90	483	回购谈判阶段
石景山	远洋沁山水配建公共租赁住房项目	3.03	550	开始配租
丰台区	彩虹家园公共租赁住房项目	2.00	312	回购阶段
丰台区	黄土岗清秀雅苑	6.00	1200	10 月份配租
丰台区	未山苑配建公共租赁住房项目	0.26	60	即将回购

数据来源：北京中原市场研究部整理

12.3.2 社会单位建设保障房情况

北京市鼓励社会单位、房地产开发企业投入开发和建设公租房项目。目前，主要社会单位公租房项目是由“国”字头企业单位建设和运营。这些公租房优先面向内部系统或定向配租，部分面向社会；另外，资金部分来自公积金贷款、企业自筹等途径。

主要社会单位建设保障房情况　　表 12-4

单位	项目名称	地址	投资金额（亿元）	规划建筑面积（万 m^2）	套数	租金价格（元/m^2 月）	周边普宅租金价格（元/（m^2•月））	备注
北京市公安局	半步桥项目	西城区半步桥 44 号	1.1	2.63	336	25	38	优先配租给北京市公安局符合条件的干警家庭；资金由公积金贷款获取
	西红门项目	大兴区西红门	4.7	11.7	1738	20	25	
北京控股集团	石景山区京原路项目	石景山京原路	4.64	5.9	976	22	25	由北京控股集团有限公司持有管理，面向社会公开配租及该单位符合条件的职工可以优先配租；资金由企业自筹
	朝阳区王四营项目	朝阳区王四营	15	15.8	3200	22	25	
北京市公共租赁住房发展中心	房山高教园区公租房项目	房山线大学城站	16	13	3000	—	—	面向房山高教园区教职员工配租；资金由公积金贷款获取
双桥农场	双桥公租房	朝阳区双桥农场京桥 1 号地	—	7	1300	—	—	有农场下设开发公司城建，面向社会配租

数据来源：北京中原市场研究部整理

12.3. 2 北京在租和即将配租的公租房项目

目前，北京在租的主要公租房分别位于亦庄和海淀区，即将进入配租的主要集中在朝阳区和丰台区。从租金价格来看，产业园区的人才公租房租金价格普遍低于市场价近 50%。面向社会人群的公租房租金一般低于周边租金价格 10%~20%。在缴纳租金过程中，可根据不同情况进行补贴，同时采用“先交候补”的方式缴纳。

北京在租和即将配租公租房项目（截至 2012 年 7 月 15 日）　　表 12-5

项目名称	区域	套数	租金价格（元 /（m^2• 月））	周边普宅租金价格（元 /（m^2• 月））	项目进展
亦城茗苑	亦庄地铁万源街站	540	20	40	入住
鹿海园四里人才公租房	大兴亦庄开发区	800	22	40	入住
同泽园西里	海淀区苏家坨	881	30	35	入住
远洋沁山水公共租赁住房项目	石景山鲁谷	120	49	55	首批已入住
原叶美苑 8 号楼	朝阳区立水桥	555	38	45	开始配租
原叶美苑 9 号楼	朝阳区立水桥	—	37	45	即将配租
南沙滩东路 3 号	朝阳区南沙滩	—	49	55	即将配租
丽富家园 5 号楼、6 号楼	朝阳区东坝	—	32	35	即将配租
东泽园 7 号楼	朝阳区东坝	—	32	35	即将配租
远洋沁山水公共租赁住房项目	石景山鲁谷	550	41	55	第二批即将配租
金隅滨河园	石景山区南部	2436	—	38	即将配租
青秀城	丰台区黄土岗	1200	—	40	即将配租

数据来源：北京中原市场研究部整理

12.4 北京公租房面临的问题及建议

北京公共租赁住房由于还处于初级发展阶段，在政策、建设统筹、配租、管理等方面还不完善，这就需要不断的调试精进，建立符合我国国情的保障房机制。

12.4.1 北京公租房供应总量少

北京已明确规定，“十二五”期间将大力发展公租房，争取配租达到保障房公开配置配售的 60%，计划至 2015 年年底，公租房供应总量达到 30 万套。然而，这个数字仅占到北京住房总量 1/30。从公租房土地供应看，未来 3 年北京公租房土地供应占全市住宅用地的 1/9。

据此，提高公租房供应总量，即增加公租房房源来源已是当务之急。增加供应量必须先做到新增土地供应，除了降低土地获取难度外，需加大土地、税收资金支持力度；其次通过回购、收购、改造等方式增加新房、存量房源的利用度。

12.4.2 通过金融创新产品完善

鉴于公租房建设及受益周期长，资金风险大，故对民间资本的吸引力较小。目前北京公租房建设、运营资金主要依靠市投资中心与银行贷款、发行债权等。

今后，在政府公租房投资运营平台建立的前提下，可以利用金融创新产品完善和发展公共住房金融。如增加互助性基金、设立相应金融公司、引入公积金等资金杠杆。

12.4.3 公租房受惠群体有限

北京申请公租房群体要符合 3 个条件。但是，目前北京公租房主要受惠的是本地居民，而外地务工人员比重很小。据数据统计，至 2015 年底，北京公租房供应量与全市人口的比为 1:66。尽管这个数字相比过去已大大增加，但与韩国相比仍然相差 10 倍。

随着北京公共租赁住房和廉租房的并轨，北京公租房采取分类补贴租金的形式，最高补贴达到租金的 95%。北京同时考虑在一定条件下，保障不同收入公租房居住家庭状况。在这种情况下，可以引入针对不同收入公租房居住家庭的多层次公租房机制，将公租房租金价格和普通住宅市场租金价格相结合，进一步扩大公租房受益范围。

12.4.4 企业、单位参建积极性不高

目前，企业、单位参建公租房运营模式主要是通过回购、自营两种方式。公租房回购方式给企业、单位带来的利润空间很小；自营方式则因为资金占款周期长、风险大，故企业、单位参建的积极性不高。

由于公共租赁住房建设是任重道远的长期经营管理的综合性工程，提高企业和单位参与的积极性至关重要。因此，政府部门要积极引导，包括政府部门对在建的专门负责公租房开发经营的企业和单位给予支持，在土地取得、开发融资和税收等方面给予相应的优惠政策。同时，支持拓宽企业融资渠道，允许企业通过上市、信托、投资基金、发行债券、资产证券化等方式筹集资金。还要鼓励各类基金机构投资经营公租房的住房租赁业务，尽力发挥政府部门的积极引导作用。

12.4.5 建立公租房档案制度

建立公租房档案制度对加强公租房管理十分有益。一方面，可以加强政府部门统筹和监督公租房的建设、经营和管理力度。特别是确保公租房的利益传导机制，全面管理和维护好公租房资料；另一方面，可以建立公租房家庭及个人资格、居住及信用档案，以规避承租人违规、违法行为，从而建立有序、良性的公租房租赁秩序和环境。

12.5 我国公租房相关政策

国家公租房相关政策　　表 12-6

发布时间	政策名称	发布单位	核心内容
2010-06-08	关于加快发展公共租赁住房的指导意见	中华人民共和国住房和城乡建设部、中华人民共和国国家发展和改革委员会、中华人民共和国财政部、中华人民共和国国土资源部、中国人民银行、国家税务总局、中国银行业监督管理委员会	表明了发展公共租赁住房意义、原则、管理、筹集、政策支撑和监管等内容，为公共租赁住房的建设管理工作提供政策依据。
2010-12-06	关于支持公共租赁住房建设和运营有关税收优惠政策的通知	财政部、国家税务总局	公共租赁住房建设、运营、转让、捐赠等环节中，对契税、土地增值税等需要经审批享受税收优惠的；对企业所得税、营业税、房产税、城镇土地使用税、印花税等可自行减免享受税收优惠的。
2011-07-14	关于多渠道筹措资金确保公共租赁住房项目资本金足额到位的通知	财政部、住房城乡建设部	明确投资主体分别由企业和政府为主，资金来源，首先要立足于政府预算安排资金，特别是地方政府债券资金要优先用于公共租赁住房等保障性安居工程
2011-08-05	关于认真做好公共租赁住房等保障性安居工程金融服务工作的通知	中国人民银行、中国银行业监督管理委员会	在提出对于政府投资建设的公共租赁住房项目，发放贷款给予支持和利率优惠的同时，要建立地方政府融资平台公司。
2012-06-12	公共租赁住房管理办法	中华人民共和国住房和城乡建设部	提出公共租赁住房定义；对公共租赁住房的申请条件、运营监管、退出机制等作出明确规定；同时明确，公共租赁住房可以通过新建、改建、收购、长期租赁等多种方式筹集，可以由政府投资，也可以由政府提供政策支持、社会力量投资

数据来源：北京中原市场研究部整理

北京市公租房相关政策

表 12-7

发布时间	政策名称	发布单位	核心内容
2010-08-01	《北京市公共租赁住房管理办法（试行）》	北京市住房和城乡建设委员会、北京市发展和改革委员会、北京市规划委员会、北京市国土资源局、北京市财政局、北京市地方税务局、北京市国有资产监督管理委员会、中国人民银行营业管理部	确立北京公共租赁住房建设、分配和管理工作遵循以下原则：政府支持、市场运作；多方建设、统一管理；公平公开、严格监管
2011-05-24	关于贯彻落实公共租赁住房税收优惠政策有关问题的通知	北京市住房和城乡建设委员会	公共租赁住房建设、运营、转让、捐赠等环节中，对契税、土地增值税等需要经审批享受税收优惠的，纳税人应按照主管税务机关的要求办理减免税手续；对企业所得税、营业税、房产税、城镇土地使用税、印花税等可自行减免享受税收优惠的，纳税人应按照税收政策规定，自行减免相关税费，并妥善保管公共租赁住房各环节的相关材料（包括变更信息），以备主管税务机关的日常征管评估检查
2011-10-19	关于加强本市公共租赁住房建设和管理的通知	北京市住房和城乡建设委	提出加快公共租赁房建设，建设、筹集公共租赁住房，鼓励社会单位利用存量建设用地建设公共租赁住房，鼓励投资机构和房地产开发企业建设、持有、运营公共租赁住房
2012-01-13	关于贯彻国务院办公厅保障性安居工程建设和管理指导意见的实施意见	北京市住房和城乡建设委	1. 在房源分配中，建立经济适用住房封闭运行机制，今新购买的经济适用住房确需转让的，将由经济适用住房家庭户籍所在区县住房保障管理部门回购；2. 单套公租房建筑面积以 40m^2 左右的小户型为主，经济适用房单套建筑面积控制在 60m^2 以内；3. 严肃查处保障性住房出租、出借、闲置等违法违规行为
2012-01-17	《北京市公共租赁住房申请、审核及配租管理办法》	北京市住房和城乡建设委	1. 为规范公共租赁住房申请、审核、公示、轮候、复核及配租管理工作 ;2. 市住房保障管理部门负责本市公共租赁住房的指导、监督和备案工作
2012-03-19	北京市金融支持保障性住房建设的意见	市金融局、央行营管部、北京银监局、市发展改革委、市财政局、市住房城乡建设委	《意见》明确，公租房（含廉租房）等保障性安居工程项目资本金，须符合国家关于最低资本金比例的政策规定；项目建成后，贷款一年两次还本，利随本清；贷款期限根据公租房（含廉租房）经营周期，在风险可控的基础上，由借贷双方协商确定，原则上不超过 15 年
2012-04-27	关于公共租赁住房租金补贴申请、审核、发放等有关问题的通知	北京市住房城乡建设委	对承租公共租赁住房家庭租金补贴申请、审核、发放等进行具体的规定
2012-04-27	关于公共租赁住房租金补贴对象及租金补贴标准有关问题的通知	北京市住房城乡建设委	1. 申请条件：人均月收入不超 2400 元；2. 补贴标准：廉租租户最高补贴 95%；非廉租户最高月补 50%；3. 租金价格：保持 3 年不变；4 骗补处理：5 年内无缘保障房
2012-05-16	关于加强保障性住房使用监督管理的意见（试行）	北京市人民政府	1. 确立了出租型保障房的监督管理原则“谁持有、谁管理”；2. 对于违规代理保障性住房的出租（转租）、出售业务的房地产经纪机构，由区县政府组织区县住房保障管理行政执法机构依法处理
2012-06-01	北京市人民政府办公厅关于进一步规范房屋租赁市场稳定房屋租金工作的意见	北京市人民政府	1. 鼓励和盘活闲置房源进入房屋租赁市场 ;2. 公共租赁住房单套建筑面积以 40m^2 小户型为主，满足基本住房需求 ;3. 鼓励成立国有房屋租赁经营机构，稳定租赁市场 ;4. 落实住房租赁登记备

数据来源：北京中原市场研究部整理

第 13 章 “限购”下“刚需”青睐的住宅类型研究

北京中原市场研究部　康芃

“限购”已成为 2011—2012 年房地产调控的核心政策。对比“限购”政策在全国各地的执行力度和影响程度，北京的地方政策可谓最为严厉，对楼市的影响也最大，调控效果有目共睹。

北京的限购政策是指 2011 年 2 月 16 日北京市住房和城乡建设委出台的《关于落实本市住房限购政策有关问题的通知》。其核心内容为自 2011 年 2 月 17 日开始对已拥有 1 套住房的本市户籍居民家庭、持有本市有效暂住证在本市没有住房且连续 5 年（含）以上在本市缴纳社会保险或个人所得税的非本市户籍居民家庭，限购 1 套住房；对已拥有 2 套及以上住房的本市户籍居民家庭、拥有 1 套及以上住房的非本市户籍居民家庭、无法提供本市有效暂住证和连续 5 年（含）以上在本市缴纳社会保险或个人所得税缴纳证明的非本市户籍居民家庭，暂停在本市向其售房。

即自政策执行之日起，如需新购住房，京籍家庭最多可拥有 2 套住房，非京籍家庭最多只可拥有 1 套住房。对于已有房产多于以上套数的家庭，卖房后没有资格再购房，同时，京版限购对于非京籍家庭居住年限的要求也高于其他城市。

随着“限购”政策的实行，一个热门词汇开始见诸媒体——刚需，即刚性需求（以下简称“刚需”）。随着政策对投机、投资需求的抑制力度逐渐加大，刚需逐渐成为楼市主流。而刚需主导的市场亦展现出新的特征。为了适应市场，住宅产品也在快速应变。从长期来看，由于楼市政策的趋势倾向于鼓励刚需，限制投机，控制投资需求，因此研究刚需客户的需求特征，对于住宅开发者而言是非常有益的。

13.1 “限购”促成刚需市 成交量降价跌

自 2011 年 2 月限购实施以来，北京楼市成交量有了明显萎缩。据北京中原市场研究部统计，“限购”一年间（2011 年 2 月 17 日—2012 年 2 月 16 日，下同）的新建住宅成交量为 83517 套，与“限购”一年前（2010 年 2 月 17 日—2011 年 2 月 16 日，下同）相比，下降了 22.6%。同期二手住宅成交量为 95811 套，下降了 54.3%。二手住宅成交受影响程度明显高于新建住宅。

在住宅价格变化方面，“限购”一年间新建住宅期房价格为 21635 元 /m^2，较限购一年前平均下降了 1.2%，在 2011 年四季度，通州，大兴，房山等供应量较大的郊区住宅项目成交价下降非常明显，平均较项目最高时下降幅度在 10%~20%。与此同时，一些单价在 30000 元 /m^2 以上的中高端项目，为了促进成交，价格较其自身最高点也下降了近 30%。而同期的二手住宅成交均价，则仍有 1.9% 的涨幅，限购一年间的均价为 23558 元 /m^2。其主要原因还是二手住宅成交以城区为主，稀缺性决定了它的保值性能强。

在“限购”的市场背景下，投机、投资群体被大量挤出，刚需逐渐占据市场主力。据中原调研，在限购一年前住宅市场平均投资成分约占 20%~25%，而在限购一年间该比例已下降至 10% 以内，可谓成效显著。

13.2 刚需群体特征分析

"限购"下，"刚需群体"已成为北京住宅市场交易的主力军，因此首先要对这一客群做一个详细的定义。"刚需"是"刚性需求"的简称，刚性需求的概念相对于弹性需求，是指商品供求关系中受价格影响较小的需求。本文中对"刚需群体"的定义如下：对住房有真实自住需求，受到房价涨跌变化影响较小，购房后有且只有一套住房的客户群。购房原因包括：结婚、家庭人口增加、小房换大房、原有住房拆迁等。

根据以上定义，"刚需"群体可分为两类。第一类是首次置业的"刚需"（以下简称"首置刚需"），第二类是改善置业的"刚需"（以下简称"改善刚需"）。由于两类人群所处的置业阶段不同，因此他们的特征不同，第一类人群主要以 25~35 岁之间的单身白领或年轻情侣为主，他们的特征是财力有限，因此对房子的性价比十分看重；第二类人群则多是年龄在 35 岁以上，因各种生活需要卖旧买新的升级客户，他们已有一定的经济基础，因此更加注重生活质量与居住品质，对住房的综合要求更高或有特殊要求（如为子女上学购买学区房）。

13.3 "刚需"青睐房源特征分析

经过政策的洗礼，"限购"一年间北京住宅市场的刚需人群占到了总体客群的 90% 以上，他们对住宅的需求偏好将很大程度上影响上市楼盘的销售量和销售速度。为此我们对限购一年间刚需客户的偏好特征进行了总结。

首先，在新建住宅与二手住宅的购买倾向上，"刚需"群体更倾向于购买新房，限购一年间"刚需"群体约 60% 选择购买新房，40% 购买二手房；

其次，在区位表现上，"刚需"的购买力多分布在城市边缘区（除东、西、朝、海、丰、石 6 大城区以外），由于受到新房供应分布的限制，限购一年间主要成交郊区为昌平、房山和大兴，其中首置刚需约 80%~90% 的购买集中在以上区域，改善刚需约 50% 分布在此。而环线分布上则更为集中，五环外的成交占到了 75%，其中五、六环之间的成交就占到了 56%；

第三，户型和居室面积方面：在户型上，一、二、三居的总和占到了全部成交的 90% 以上，复式和别墅成交占比有所下降；在面积上，新建住宅成交 90m^2 以下占到了 53%，90~150m^2 占到了 34%，二手住宅在两个面积区间的成交量分别为 35% 和 32%；

第四，在单价与总价方面：首置刚需客户的需求多集中在 20000 元 /m^2 以下，改善刚需则集中在 20000~30000 元 /m^2 之间。而相应的总价则分别在 200 万元以下和 200~300 万元之间。

第五，在其他方面，由于自住的用途，刚需客户更关注房屋交通条件以及周边的生活配套，其次对于房屋的内在条件则更看重朝向和房屋空间利用的便利性上。

13.4 "限购"政策出台前后成交住宅特征变化

由于"刚需"成为市场主体，这导致了住宅整体市场成交结构也发生了变化。通过分析北京限购一年间的变化，可探究未来京城住宅市场格局的一些端倪。

13.4.1 成交区域的结构变化

新建住宅成交区域方面的变化表现为：城市边缘区成交占比明显增加了 4.1%，达到 61.5%。而中心城区和次中心区的成交占比均有所回落；在成交环线分布上，五环以外成交有所增加，上涨幅度为 3.9%，其中涨幅主要集中在五、六环之间，其涨幅为 3.6%，五环内的成交占比均有不同程度的回落。郊区的新房供应量逐年增加和刚需客群对郊区高性价比房源的认可，是导致郊区住宅成交占比上涨的主要原因。

图 13-1 北京市商品住宅成交区域特征对比图（“限购”一年间与“限购”一年前）

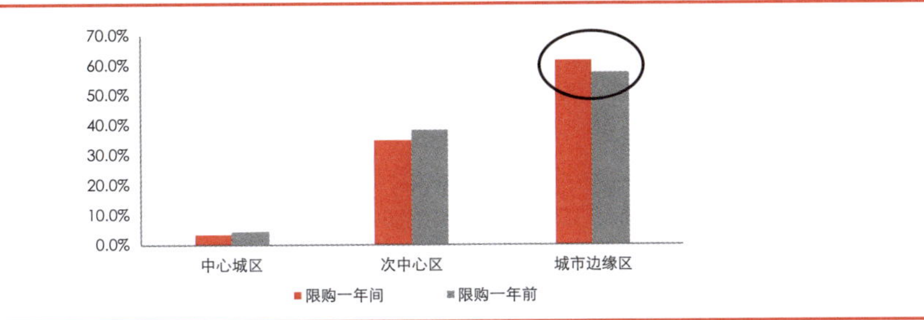

注：1.“限购一年间”指：2011 年 2 月 17 日—2012 年 2 月 16 日，“限购一年前”：自 2010 年 2 月 17 日—2011 年 2 月 16 日，下同

2. 中心城区（东城和西城区）；次中心区为朝阳、海淀、丰台和石景山区；城市边缘区为除 6 城区外的远郊区县。

数据来源：北京中原市场研究部

图 13-2 北京市商品住宅成交环线特征对比图（“限购”一年间与“限购”一年前）

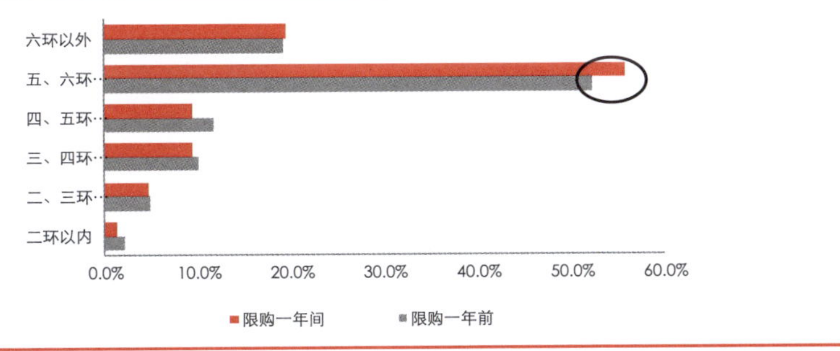

数据来源：北京中原市场研究部

13.4.2 成交户型的结构变化

从户型变化可以看出，限购一年间 1 居室和 3 居室的占比上升，侵蚀了二居室的部分占比，分别较限购一年前上涨了 3.43% 和 2.78%。而复式、别墅等大户型则有所下降。在户型面积方面，50~90m^2 之间的住宅成交占比增加了 2.46%，变化最为明显，90~200m^2 均有微幅下降。从以上特点也反映出刚需群体占比增加对市场整体成交结构的影响，首置刚需明显是这一变化的主导力量，由于他们的需求特征决定了中小户型的热销，其次改善刚需则加大了经济型 3 居的成交比例。

图 13-3 北京市商品住宅成交居室特征对比图（“限购”一年间与“限购”一年前）

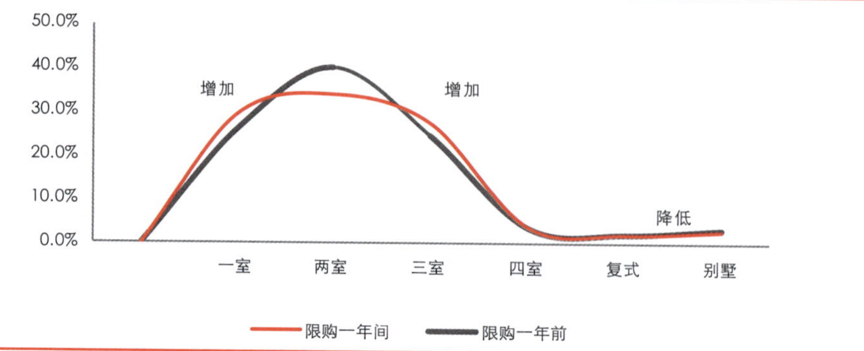

数据来源：北京中原市场研究部

图 13-4 北京市商品住宅成交面积特征对比图（“限购”一年间与“限购”一年前）

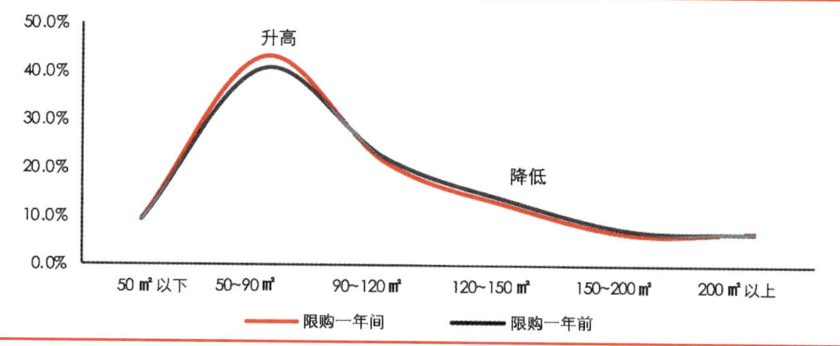

数据来源：北京中原市场研究部

13.4.3 成交价格的结构变化

从均价特征来看，限购一年间变化最大的是 8000 元 /m^2 ~12000 元 /m^2 之间的住宅成交，其占比增加了 2.91%。在总价变化上，100 万元以下的住宅成交占比明显上涨，上涨幅度为 2.95%。这一变化是首置刚需的需求特征所带来的，这类需求促使低价位住宅项目在总体成交中的比例提升。

图 13-5 北京市商品住宅成交均价特征对比图（“限购”一年间与“限购”一年前）

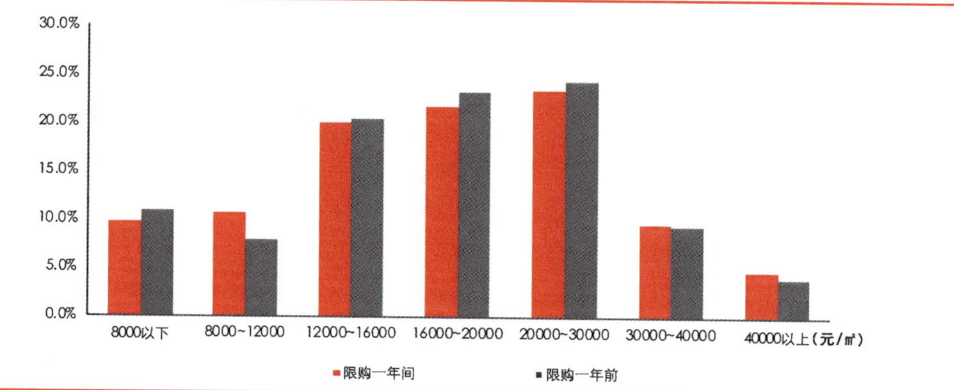

数据来源：北京中原市场研究部

图 13-6 北京市商品住宅成交总价特征对比图（“限购”一年间与“限购”一年前）

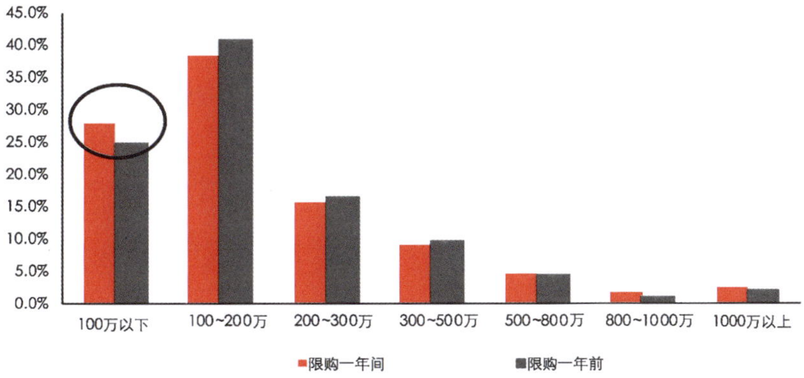

45.0%
40.0%
35.0%
30.0%
25.0%
20.0%
15.0%
10.0%
5.0%
0.0%
100万以下
100~200万
200~300万
300~500万
500~800万
800~1000万
1000万以上
限购一年间
限购一年前

数据来源：北京中原市场研究部

13.4.4 不同户型的成交价格变化

由于刚需群体对价格敏感程度高，开发商为了快速回笼资金，对刚需客户青睐的户型运用了“降价快销”的策略，反应在数据上就是 1、2、3 居室的价格下降，3 大户型的价格在限购一年间较之前同期分别下跌了 6.2%、0.2% 和 1.7%。

图 13-7 北京市商品住宅成交单价特征对比图（“限购”一年间与“限购”一年前）

35000
30000
25000
20000
15000
10000
5000
0
元/㎡
变化情况
10.0%
8.0%
6.0%
4.0%
2.0%
0.0%
-2.0%
-4.0%
-6.0%
-8.0%
1 室
2 室
3 室
4 室
复式
别墅
限购一年间（左轴）
限购一年前（左轴）
变化情况（右轴）

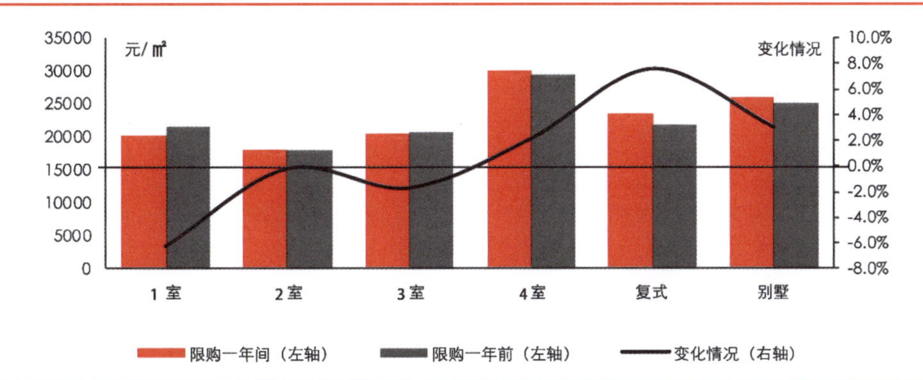

数据来源：北京中原市场研究部

13.5 优质刚需楼盘及户型分析

刚需客户在抑制投机的政策背景下改变着市场的成交结构，也必然传导到住宅市场的供应环节。在限购一年间涌现出不少销售火爆的明星刚需楼盘，如远洋一方、红木林、金融街·金色漫香郡、富力金禧花园等，他们的主力户型多集中在 50~60m^2 的 1 居、70~90m^2 的 2 居和 100~140m^2 的 3 居。其户型面积符合刚需群体的需要，且价格也相对实惠。户型设计方正合理，因此受到了市场的广泛好评。

限购一年间典型刚需楼盘及户型特征汇总表

表 13-1

楼盘名称	所在城区/环线分布	主力户型和面积（m^2）	成交单价（元/m^2）	成交总价（万元）	主力户型供应占比	特征优势
远洋一方	朝阳区/五六环之间	1 居 61~67；2 居 74~89；3 居 88~141	20000	1 居 130；2 居 160；3 居 220	91%	位置优越、水景资源
红木林	大兴区/五六环之间	1 居 40~50；2 居 60~80；3 居 100~140	20600	1 居 93;2 居 144；3 居 247	100%	交通便利，户型精巧
金融街·金色漫香郡	大兴区/五六环之间	1 居 57；3 居 120、130、150	11700	1 居 67;2 居 104；3 居 152	87%	高速，地铁覆盖，未来潜力较大
富力金禧花园	通州区/五六环之间	2 居 86~91	17800	2 居 159	90%	交通便捷，配套完善，户型合理
首开国风美唐	昌平区/五六环之间	2 居 90；3 居 95	17200	2 居 155；3 居 164	87%	比邻森林公园，学府胜地，交通，配套完善

数据来源：北京中原市场研究部整理

城市 Market

楼事 Story

数据 Data

13.5.1 刚需一居室（含零居）分析

刚需一居室的户型具备设计方正，紧凑但不局促的特点，大多能做到明厨的配置。在观景方面也能基本满足居家生活，且总价较低，如可买到总价在 80~100 万元的房子，首付 24~30 万元，商贷 20 年月供约在 3900~4900 元/月，非常适合工作满 5 年的单身白领或新婚小夫妻的居住生活。

■ 44m^2 零居

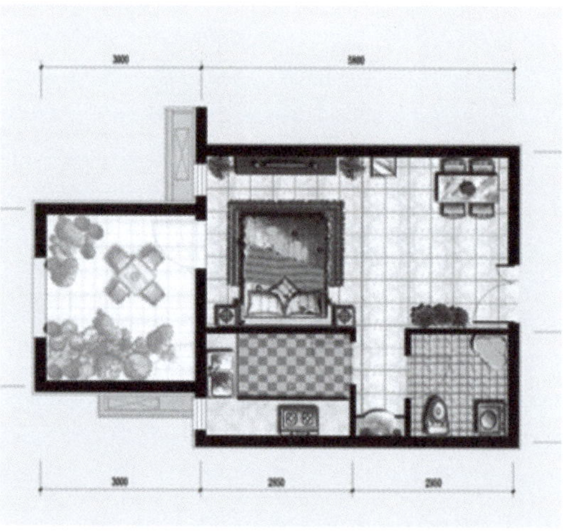

红木林

户型特点：

1. 户型紧凑 布局方正
2. 灵动空间 卧室、客厅自由配比
3. 明厨设计，卫生间干湿分离
4. 空中馆苑 自然风景入室

楼盘综合评测：

位置：★★★★☆

交通：★★★★★

配套：★★★

户型：★★★

■ $57m^2$ 一居

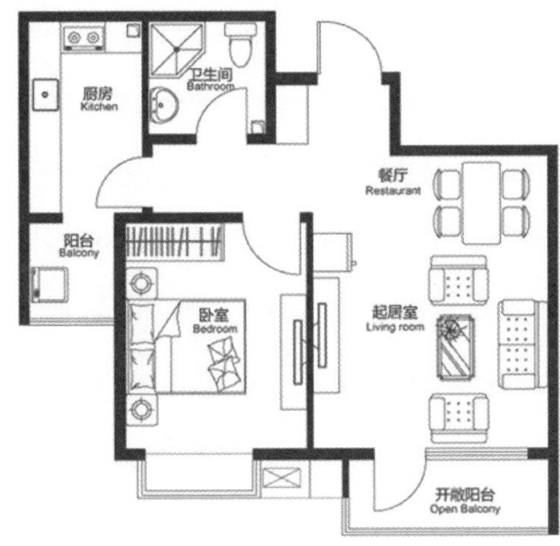

金融街·金色漫香郡

户型特点：

1. 南向暖房；

2. 格局方正好利用

3. 超大面宽观景阳台，视野开阔

4. 主卧景观飘窗，彰显品质

楼盘综合评测：

位置：★★★

交通：★★★

配套：★★★

户型：★★★★★

13.5.2 刚需二居室分析

刚需二居室的户型布局合理，大部分户型能达到南北通透，明厨明卫，动静分区，空间宽敞舒适。在总价方面也相对经济，负担适中。房屋总价能控制在 150 万元以内，首付 45 万元，商贷 30 年月供在 6000 元 / 月左右。适合有 6 岁以下小孩的三口之家购买。

■ $89m^2$ 二居

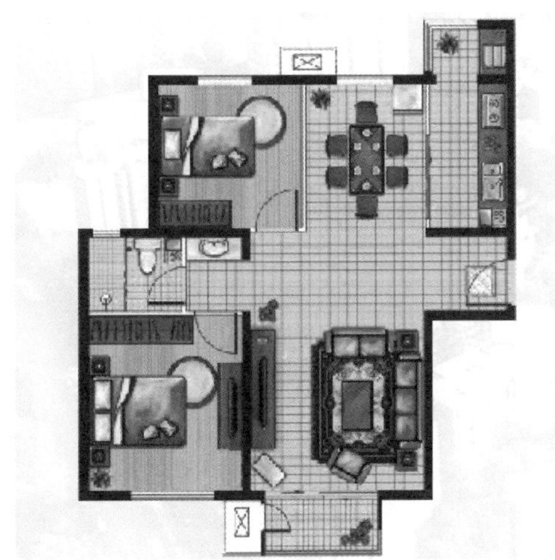

远洋一方

户型特点：

1. 空气清新 南北通透

2. 明朗洁净 明厨明卫，干湿分离

3. 双重温暖 南向观景阳台，北向工作阳台

4. 经典布局 主卧、客厅朝南，次卧餐厅朝北

楼盘综合评测：

位置：★★★★★

交通：★★★★☆

配套：★★★★★

户型：★★★★★

■ 90m² 二居

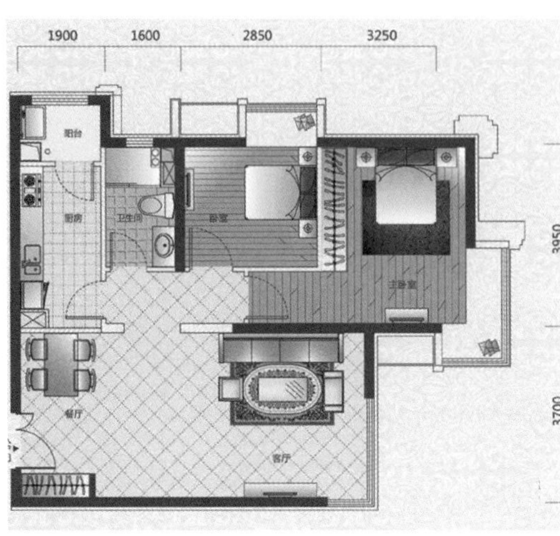

富力金禧家园

户型特点：

1. 室内明朗，明厨明卫
2. 动静分区，布局合理
3. 主次卧均配阳台，舒适惬意

楼盘综合评测：

位置：★★★★☆

交通：★★★★☆

配套：★★★★★

户型：★★★★

13.5.3 刚需三居室分析

刚需三居室户型宽敞，通透明亮，部分主卧套间品质较好。总价相对合理，符合改善型刚需对生活品质的需要。总价根据楼盘价格不同有一定差距，大致有 160 万元和 230 万元两档，由于北京对于二套首付要求为总价的 60%，因此这类购房者需首付约为 96 万元和 138 万元，商贷 20 年的月供约为 5000 元 / 月和 7300 元 / 月。适合三代同堂，且孩子上学需有独立空间的家庭购买。

■ 95m² 三居

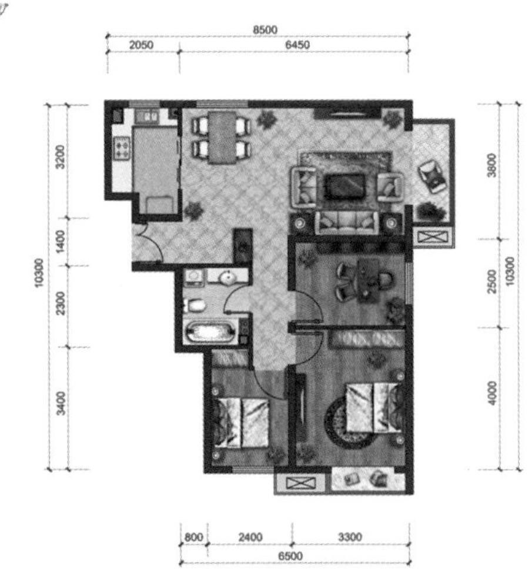

首开国风美唐

户型特点：

1. 动静分区，布局合理
2. 南北通透，气息流畅
3. 瞰景阳台，共享美景
4. 室室带窗，明亮通透

楼盘综合评测：

位置：★★★★★

交通：★★★★★

配套：★★★★★

户型：★★★★★

■ 127m² 三居

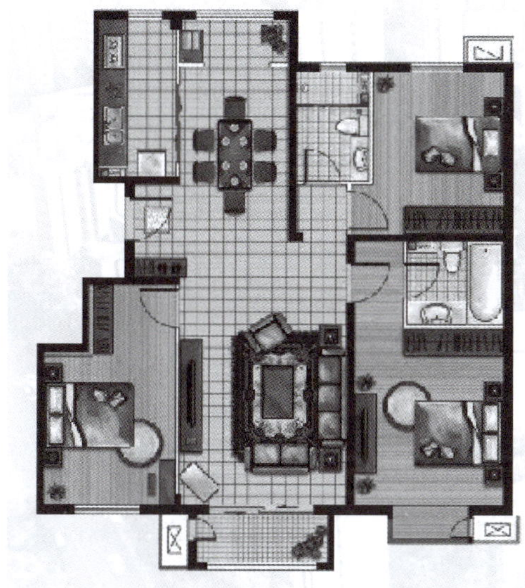

远洋一方

户型特点：

1. 布局中正，全明通透，

南向宽阔阳台

2. 主卧套间，观景飘窗，

尊容、私密专属

3. 餐厅连接北阳台，

同享食色与景色交融之感

楼盘综合评测：

位置：★★★★★

交通：★★★★☆

配套：★★★★★

户型：★★★★★

13.6 “刚需”市场未来展望

在国家将控制投机和投资作为楼市长期调控方向的背景下，“刚需”客群也成为了楼市的主要消费群体，他们对住房的需求将主导未来北京楼市的发展趋势。从“限购”一年间“刚需”楼盘销售异常火爆，月度销售率均达到 90% 以上的热销场面，即可看到未来这一产品的市场潜力仍十分巨大，且对住宅市场价格将起到决定性的作用。而作为产品的设计和开发者，如何设计出户型更加紧凑合理，价格更加优惠的高性价比“刚需”产品将成为其竞争力的体现，并能保证开发企业在实际运营阶段实现资金的快速回笼，抢占先机。

第 14 章 北京"地王"对楼市的影响研究

北京中原市场研究部　张大伟

"地王"这个专有名词产生于我国房地产快速发展的最近几年。对地王的定义，通行的解释是对国内某个城市，在特定时期内，土地市场上出让的成交面积、总价、单价、楼面地价相对最高的地块。

14.1 "地王"的产生原因

关于"地王"产生的原因，目前市场主要认为包括：土地招拍挂制度、地方政府土地财政、房价预期上涨、土地供给不足等。但各城市曾层出不穷的地王现象，已经说明其的确有着深厚的经济基础。

在围绕着"究竟是地价推高房价、还是房价拉高地价"这一类似"鸡生蛋、蛋生鸡"的焦点问题讨论中，目前业内主要认为地王的产生与土地出让制度，也就是"招拍挂"制度有关。

客观地说，所谓的土地招拍挂制度的缺陷并非完全在于制度本身，而在于其所置身的整个房地产行业存在缺陷，从而使得土地招拍挂难以在这种大制度框架下得以独善其身。

卖地的冲动让各地政府把招拍挂当成了获取财政收入的重要手段。地方财政很大程度上依赖土地出让金。在土地供应稀缺的大势下，"价高者得"的原则促使开发商为得到土地而不惜重金，而这部分花费却最终转嫁到开发成本中去，很大程度上也的确助推了房价的快速上涨；

另外土地招拍挂制度的整体不完善，并没有出台与之相配合的政策，比如土地出让金的交纳问题、上市土地情况的提前披露以及对成品房的售价规定等等，这也让土地招拍挂在实践中变了形，也使得地王的出现有了制度性基础条件。

中国的城市化进程，催生了大量的城乡间人口流动。庞大的人口基数，造成了对于住房的大量刚性需求。而土地市场是房地产市场的基础和重要组成部分，是房地产经济的基石。但是社会政策制定的滞后性、政策执行的不确定性、监管机制的功能缺失以及利益分配的重新划定等等，都对其产生了巨大影响。

14.2 "地王"对楼市的直接影响

"地王"引人关注的主要原因，是其所带来的现实以及预期的影响。"地王"的影响主要是增强人们对未来房价上涨的预期。特别是一个城市地王频出，总价屡创新高的情况下，人们会因此而产生或加强对未来房价上涨的预期，同时也相应的调整其行为，包括提前购入住房、投机性购房等。经验表明，当几个年份全国范围内频繁出现地王时，人们对全国范围内房价上涨的预期会明显加强。

这样的情况，在 2010 年的两会结束后的第一天，北京市场就出现过。2010 年 3 月 15 日一天，北京一天成交 6 块土地，总金额达 143.5 亿元。其中涌现出 3 个新"地王"，均为央企制造。上午，大望京地块和亦庄地块分别以 27529 元 /m^2 的楼面价格、52.4 亿元的土地总价，刷新北京市土地成交纪录，成为新的"单价地王"和"总价地王"。但仅 6 个小时以后，"单价地王"就被下午竞价的东升乡蓟门桥地块夺走，该地块的实际楼面价格超过 30000 元 /m^2。地王的频繁出现，对当时北京的房价拉动作用可以说非常大，望京等区域的房价一日数涨。

另一方面，随着房价的上涨，刺激需求加快入市。销售火爆使得开发商收入增加，购地意愿也随之显著提高。由于土地资源的有限性，各房企之间对于优质地块的争夺更趋激烈。在这样的情况下，地王与房地产销售市场互相促进，能加快房地产量价的快速上升。

14.3 “地王”的弊端

“地王”虽然拉动了房价的上涨，表面看，也有利于房地产开发商的提价行为和增加盈利。但实际上，“地王”的出现对开发商也有很多负面影响。

一旦市场进入调控周期，“地王”的存在就非常尴尬，其风险也会被明显放大。房地产企业把过多的资金用于拿地，甚至花高价竞得“地王”，为此企业必须通过银行贷款、上市、股票增发等方式募集资金。直接导致了企业资产负债率居高不下，企业财务风险加大。随着国家对房地产的宏观调控持续进行，房价高速上涨的局面会逐步得到遏制，甚至可能会出现回落。为了维持企业正常运营，高价竞得“地王”的开发商不得不通过调低售价，甚至退地等方式来回收现金，这样企业不仅可能出现利润下降等风险，声誉也可能受损。

14.4 昔日“地王”项目现状

北京中原市场研究部统计数据显示：截止日前，从 2009 年 5 月开始出现了溢价率超过 100% 的住宅类属性地块，合计有 30 块，其中剔除个别已经退地及还在建未销售的地块，合计入市地块为 19 块。

这 19 个项目中，累计到目前（2012 年 7 月 10 日）的销售额为 446.46 亿元，而这 19 个项目的合计总土地出让金则达到了 468.76 亿元。也就是说，因为楼市调控导致的销售市场萧条，19 个“地王”项目合计的销售额还未抵得上土地出让金回本。而如果剔除其中销售比较好的金茂府等项目，“地王”项目的销售业绩可谓十分惨淡。

同样根据中原统计，上述已销售项目中，土地成本占售价平均高达 42.2%，达到历史最高水平。这也影响了地王项目的盈利水平。出现土地成本占据售价比创造历史新高的主要原因有几点。

首先：项目的上市时间恰好处于调控周期。这部分“地王”上市普遍集中在 2010 年下半年后，与最近一轮房地产调控启动时间同步，特别是 2011 年的限购、限贷政策下，北京市场的大部分投资需求受到限制。外地购房者占比在限购后更是不足 1 成，市场需求锐减。

其次：拿地价格过高，以目前上市的部分项目看。2010 年初的不理性购地已经明显影响了房企的利润空间。而且“地王”项目的融资等成本过高影响了项目定位。

第三：地王项目销售缓慢。在地王项目中，除金茂府、富力十号等在 2009 年初购得的稀缺城区地块，以及万科在房山的部分项目在目前销售情况比较好外，其余大部分地王项目的销售情况并不理想。大部分地王项目的累积签约率不足 30%，明显低于目前市场的平均水平。

14.5 “地王”难以再频繁出现

土地对于商品房而言，相当于面粉与面包的关系。面粉的价格不仅受到当下面包价格的影响，还反映对将来面包价格的预期。按照目前土地市场的价格，对于库存依然比较高的房企来说，拿地的积极性依然不高。所以除万柳等个别优质地块外，北京未来其他区域再出现地王的可能性很小。个别“地王”的土地价格对房地产市场的影响也不会很大。

“地王”现象，某种程度上是目前房地产市场综合情况的一个反映。是多种复杂因素综合在一起的结果。由于土地的稀缺性和地理位置的不可复制性，某个地块出现高地价是正常现象。对“地王”的诸多非议主要还是在于高昂的房价，以及对房地产市场泡沫的担忧。这似乎又回到了“是房价决定了地价，还是地价影响了房价”的问题上。无论是房价决定地价，还是地价影响房价，调控房地产市场需要各管理部门的通力合作。

在目前的房地产市场上，开发商一旦将土地收入囊中，就拥有了商品房建造的主动权，且无需为土地囤积支付任何成本。所以，开发商有充足的时间去选择最合适的开发时间，只有等待楼价攀升至心理价位才会动工建设。与之相反，一旦房价出现下跌，开发商则宁可土地荒置也不去承担房价亏损。其结果就是，开发商高价拿地推高房价，可以享受房价上涨后的暴利，却无需承担房价下跌后的土地损失，最终广大购房民众则成了买单者。

“地王”频频出现不利于房地产市场价格的理性回归。解决这个问题，需要对开发商囤地现象进行有效遏制，其中真正落实政策才是关键。此前，国土资源部就曾明确规定，闲置土地满 1 年的，可以征收相当于土地使用权出让金 20% 以下的土地闲置费；满 2 年的，可以无偿收回土地使用权。因此，确保这个政策落到实处，将对房地产调控的长期效果，起到关键的作用。

楼市调控的重点不应该是仅仅抑制“地王”，低地价未必有低房价。真正影响楼市的在于土地供应的规模，因此在土地“招拍挂”之后，更应通过防止囤地、明确开工竣工时间、打击捂盘惜售等措施，来调控楼盘的上市时机。最终通过平衡市场供求关系，确保房价处在健康合理水平。

历年北京溢价率超过 100% 的地块情况汇总表（2009~2010 年） 表 14-1

序号	宗地名称	成交日期	成交价（万元）	受让单位	楼面价（元 /m²）	溢价率	项目案名	销售价格（元 /m²）	土地占比	总销售（亿）
1	北京市朝阳区广渠门外 10 号居住用地	2009-05-21	102200	北京富力城房地产开发有限公司	14097	242%	富力十号	45000	31.30%	28.85
2	北京市通州区九棵树大街居住项目	2009-06-25	174000	北京祈连房地产开发有限公司	6265	123%	2010.4.30 被暂停购地		—	—
3	北京市大兴区黄村（新城北区 23 号地）居住项目用地	2009-06-26	25100	旭辉集团股份有限公司	6354	110%	旭辉紫郡	19000	33.40%	7.68
4	朝阳区奥运村乡住宅及居住公共服务用地	2009-06-26	196000	成都中泽置业有限公司	13171	124%	已开工	—	—	—
5	朝阳区广渠路 15 号居住及公共服务用地	2009-06-30	406000	中化方兴投资管理有限公司	14494	147%	金茂府	45000	32.20%	64.67
6	北京市大兴区黄村（新城北区 10 号地）居住项目用地国有建设用地使用权出让	2009-07-01	82000	旭辉集团股份有限公司	6140	113%	旭辉御府	20000	30.70%	12.86

续表

序号	宗地名称	成交日期	成交价（万元）	受让单位	楼面价（元 /m^2）	溢价率	项目案名	销售价格（元 /m^2）	土地占比	总销售（亿）
7	北京市大兴区黄村（新城北区 16 号地）居住项目用地国有建设用地使用权出让	2009-07-03	156200	北京金地兴业房地产有限公司	5664	108%	金地仰山	21000	27.00%	44.61
8	大兴区黄村19 号商业金融和混合用地、20 号居住项目	2009-07-06	302500	上海绿地集团有限公司	6605	116%	新里西斯莱公馆	22000	30.00%	60.6
9	大兴区黄村 19 号商业金融和混合用地、20 号居住项目	2009-07-08	163000	保利（北京）房地产开发有限公司	7248	139%	保利茉莉公馆	17000	42.60%	40.68
10	丰台区六里桥住宅项目用地	2009-08-31	51600	北京景旭房地产开发有限公司	13669	238%	—	33000	41.40%	9.27
11	朝阳区奥运村乡安立路西侧居住用地	2009-09-07	130000	北京金力投资有限公司	14920	166%	—	—	—	—
12	房山区长阳镇（长阳镇起步区 1 号地）居住、文化娱乐项目	2009-09-07	220000	北京中粮万科假日风景房地产开发有限公司	6443	163%	—	17000	37.90%	65.69
13	北京市通州区新华大街商业金融、办公项目	2009-09-10	124200	北京绿城投资有限公司	6961	292%	—	—	—	—
14	通州区台湖镇光机电一体化产业基地二期 E 地块居住项目	2009-09-30	153000	北京润兴伟业房地产开发有限公司与北京重厦房地产开发有限公司联合体	6746	193%	—	—	—	—
15	亦庄新城 III-1 街区 F 地块居住及配套用地	2009-12-04	483000	北京远东新地置业有限公司	18014	467%	—	26000	69.3%	4.97
16	朝阳区东风乡高井村居住混合公建用地(原北京市第三印染厂及东风乡部分集体用地)	2009-12-17	304000	保利（北京）房地产开发有限公司	23506	314%	—	48000	49.0%	14.28
17	北京市朝阳区百子湾路 14 号住宅混合公建用地（原北京市第一建筑构件厂余留用地）	2009-12-30	71000	北京雅居乐房地产开发有限公司	17123	325%	—	—	—	—

续表

序号	宗地名称	成交日期	成交价（万元）	受让单位	楼面价（元 /m²）	溢价率	项目案名	销售价格（元 /m²）	土地占比	总销售（亿）
18	丰台区王佐镇佃起村居住项目用地	2009-12-30	282000	北京科技园置地有限公司	11500	429%	——	——		
19	房山区窦店镇居住、商业项目用地	2009-12-30	60000	北京田家园房地产开发有限公司	4354	260%	万科幸福汇	10000	43.50%	2.31
20	门头沟区新城城子地区21-218 居住项目	2009-12-30	80200	北京天台山房地产开发有限公司	9314	599%	——	——		
21	房山区良乡镇住宅（通尚苑二期）项目	2010-01-14	28000	北京森阳房地产开发有限责任公司	9302	200%	——	——		
22	丰台区花乡六圈 B 居住项目用地	2010-01-21	72000	中海地产集团有限公司	15230	118%	中海九号公馆	33000	46.20%	33.87
23	丰台区六圈 A 居住项目用地	2010-01-21	597000	中海地产集团有限公司	17153	195%		33000	52.00%	
24	朝阳区常营大型居住区三期土地一级开发项目 A001—A005 地块	2010-02-24	454000	北京通瑞万华置业有限公司	9807	167%	龙湖长楹天街	30000	32.70%	26.71
25	朝阳区崔各庄乡大望京村 1 号地	2010-03-15	408000	北京远豪置业有限公司	24066	172%	万和公馆	49000	49.10%	4.43
26	大兴区亦庄住宅及商业项目（X1-1B）地块	2010-03-15	524000	北京中信新城房地产有限公司	13396	103%	中信新城	24000	55.80%	16.67
27	北京市昌平区常兴庄组团北部地区 B 地块居住项目用地	2010-03-15	230000	北京金科兴源置业有限公司与北京纳帕投资有限公司竞买联合体	15101	130%	金科·巴登假日	34000	44.40%	4.12
28	海淀区东升乡居住、商业项目	2010-03-15	176000	北京世博宏业房地产开发有限公司	28308	193%	——	——		
29	通州区马驹桥亦庄新城 V 街区 A-4-1、A-4-2、A-2 用地	2010-03-17	47000	北京京成远东房地产开发有限责任公司	8650	269%	米拉 village	19000	45.50%	4.19
30	丰台区桥南王庄子居住项目用地	2010-03-17	80000	北京丰台科技园建设发展有限公司和北京富丰高科技发展总公司联合体	14458	110%	——	——		

数据来源：北京中原市场研究部

城市 Market
楼事 Story
数据 Data

第 15 章 大兴区——2012 限购下崛起热销区

北京中原市场研究部　李梦雯

2011 年下半年，北京楼市调控持续从严从紧，各大房企无不采用降价走量现金为王的销售策略，但效果始终不尽如人意，惨淡的成交量及不断回落的成交价格无一不体现了这个冬天的寒冷。2011 年下半年商品住宅成交面积同比下滑 33.66%，其中新建商品住宅下降 23.37，二手住宅下降了 41.45%。在市场一片惨淡的局面中，大兴区却脱颖而出，多个热销项目吸引了大量关注目光。

15.1 规划配套带来机遇

大兴区地处北京南郊平原，是北京市唯一一个拥有 2 个新兴卫星城（黄村、亦庄）的郊区县。其中，区政府所在地黄村卫星城距市区南三环仅 13km，它是 1984 年国务院批准建设的首都第一批重点发展的卫星城之一。大兴区是距离北京市区最近的远郊区，北部边界距市中心直线距离不足 10km。

图 15-1 北京市各区县位置示意图

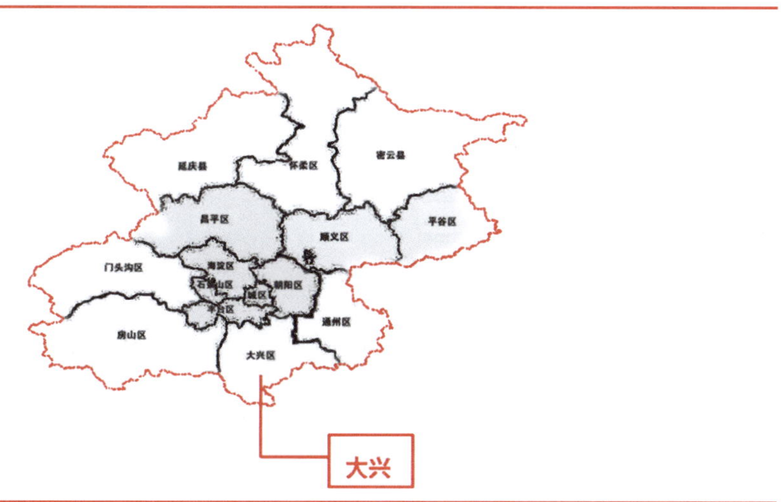

数据来源：北京中原市场研究部

“振兴南城计划”等政策利好条件，为大兴区域注入了一剂强心针，同时也为房地产市场带来了大量高端企业和人群。其优越的地理位置、便利的交通条件，加速了城镇经济的开发和发展，带动了区域内生活娱乐等各种配套设施的建设。另一方面，大兴区内配套设施分布不均，主要沿地铁大兴线、京开高速公路分布，总体来说区内基础设施相对不足，公共服务相对短缺，这成为大兴区经济社会发展的一大障碍。

图 15-2 北京市大兴区发展格局示意图

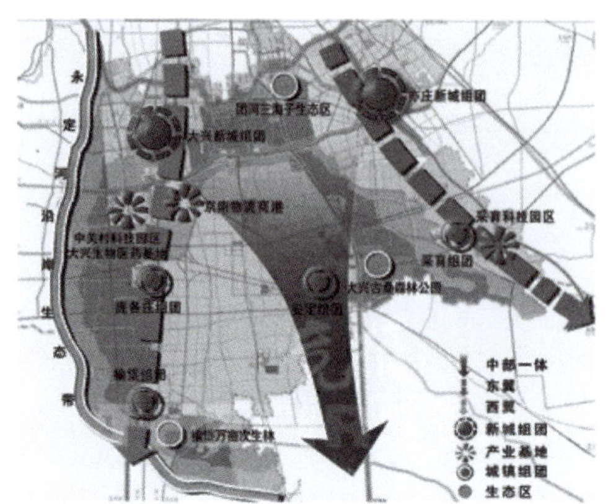

数据来源：北京中原市场研究部

15.2 限购下大兴区逐渐崛起

2011 年 2 月北京正式开始执行限购政策，当月起成交量大幅下跌，至 2012 年年初几乎降至冰点。而大兴区新建住宅成交也在限购后 3 个月内随之降入谷底，由于地处郊区，且最近几年的积压库存及潜在供应量都比较大，部分项目采用降价的办法获得销量。

2011 年下半年及 2012 年上半年北京全市共审批通过 212 个预售许可证，其中大兴区占全部的 15.09%，占全部郊区县的 20.69%。在各房企纷纷捂盘的情况下，大兴区各项目选择率先降价放量。2012 年 1—7 月大兴区成交面积为 99.43 万 m^2，与 2011 年同期相比上涨 102.1%，以价换量获得成功。2012 年 1—7 月大兴成交面积远远超过通州和房山两大郊区交易热点。

限购前北京近郊区新建住宅市场成交火热，最具代表性的就是通州及房山区，打着 CBD 东扩旗号的通州区房价一度高涨且销售势头迅猛，房山区长阳版块汇集了多个项目，在限购前成为新建住宅市场成交旺地。而在限购后，大兴区则成为新建住宅市场的一匹黑马，第二机场、地铁亦庄线、地铁大兴线都成为大兴区极大的利好资源。限购后的大兴区无论从销售面积还是销售价格来看，都成为北京近郊区新建住宅市场的领头羊。

大兴区在限购之后崛起与其热销的项目形式有很大关系，限购政策出台后投资需求被大量挤压，首次置业及首改型刚需客户成为市场主要购买力。而大兴 3 大热销板块中，刚需户型项目占据极大优势，各大热销楼盘普遍推出总价低、中小面积的 2、3 居室户型，迎合了以刚需及首次改善客户为主体的市场要求。

图 15-3 北京全市和大兴区新建住宅成交面积及价格走势（2011—2012 年 6 月）

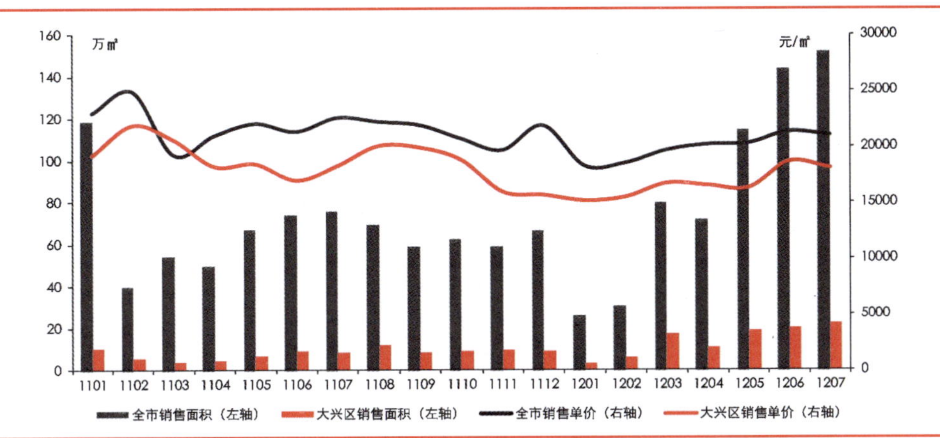

数据来源：北京中原市场研究部

图 15-4 大兴、通州、房山 3 区成交面积及成交均价走势（2011—2012 年 7 月）

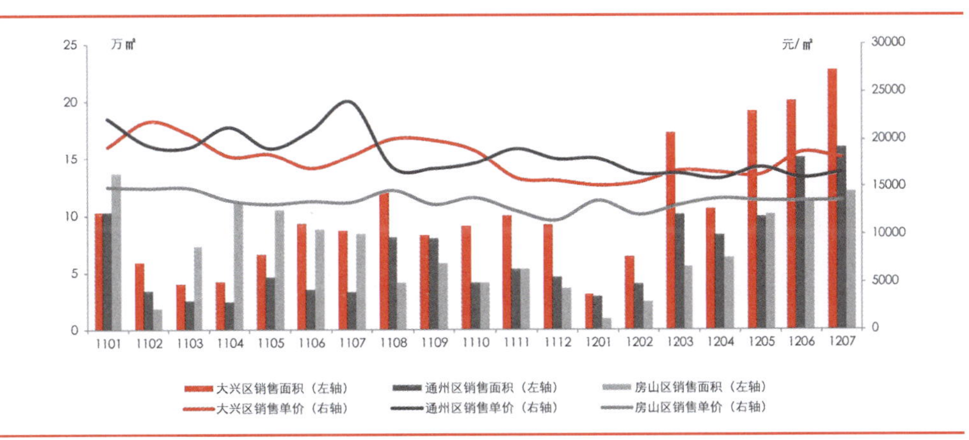

数据来源：北京中原市场研究部

15.3 大兴区各板块研究

2011 年以来，大兴区新建住宅市场成为人们关注的焦点，区域内重点热销板块主要集中在亦庄、黄村及受地铁大兴线辐射影响的高米店板块。

图 15-5 北京市大兴区内 3 大新建住宅市场版块示意图

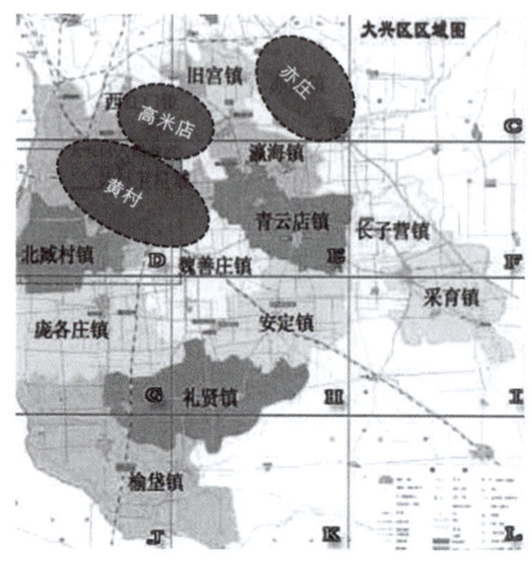

数据来源：北京中原市场研究部

15.3.1 亦庄板块

位于东部发展带上的亦庄，作为北京重点发展的 3 个新城之一，被定位为京津城际发展走廊上的高新技术产业和先进制造业基地，并承担“疏解中心城人口的功能、聚集新的产业、带动区域发展”的重任。规划政策的支持及地铁亦庄线的通车，为亦庄带来新的经济发展机遇。同时该区域内新建住宅市场也同样蓬勃发展。

该板块相对黄村、高米店等板块来说发展时间较长，该区域内三级甲等医院、名校资源、商业配套等齐全，新建住宅销售均价相对较高。目前该板块内普通住宅成交均价为 22000 元 /m^2 左右。由于起步时间较早，亦庄的二手房市场发展也相对较好。目前该区域内二手房成交均价约为 14000 元 /m^2，主要集中在大雄城市花园、林肯公寓等社区内。

北京市大兴区亦庄板块项目整体情况（2012 年 7 月） 表 15-1

项目名称	上市量（m^2）	套数（套）	物业类型	主力户型（m^2）	开盘时间
中信新城	77641.89	716	普通住宅	80~90 2 居； 90~160 3 居； 180~220 4 居等	2011 年 06 月 30 日
	51975.20	318	普通住宅	140 3 居	2011 年 08 月 27 日
富力・盛悦居	35074.63	306	普通住宅	90~125 精装 3 居	2011 年 08 月 19 日
	29651.52	234	普通住宅	80~130 2、3 居	2011 年 10 月 22 日
远洋天著	26701.68	66	别墅	379~565	2011 年 09 月 15 日
	30183.32	74	别墅	375~560 联排	2011 年 11 月 09 日

数据来源：北京中原市场研究部

北京市大兴区亦庄店板块新建住宅销售情况（2012 年 7 月） 表 15-2

项目名称	销售均价（元 /m²）	销售现状
中信新城	21500	2011 年 7 月开盘，主打刚需及改善户型，截至目前销售率达 61.90%
富力・盛悦居	20500	2011 年 9 月开盘，精装类普通住宅，截至目前已销售 45.85%
远洋天著	29000	2011 年 10 月开盘，别墅项目，主推 380~560m² 联排，销售率为 33.57%

数据来源：北京中原市场研究部

图 15-6 北京市中信新城销售情况（2011 年 7 月—2012 年 7 月）

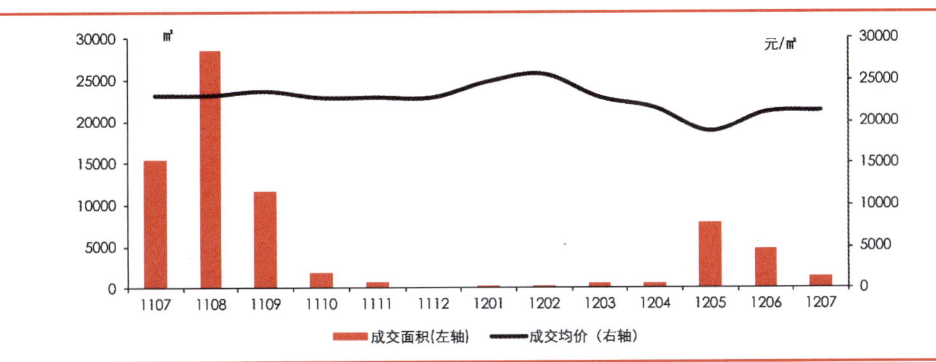

数据来源：北京中原市场研究部

图 15-7 北京市富力盛悦居销售情况（2011 年 9 月—2012 年 7 月）

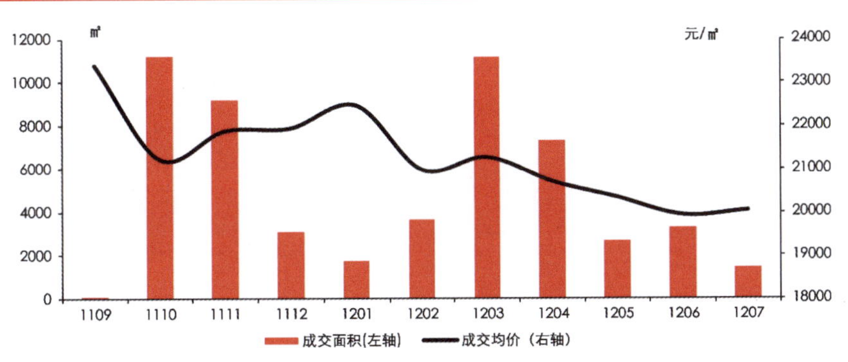

数据来源：北京中原市场研究部

图 15-8 北京市远洋天著销售情况（2011 年 10 月—2012 年 7 月）

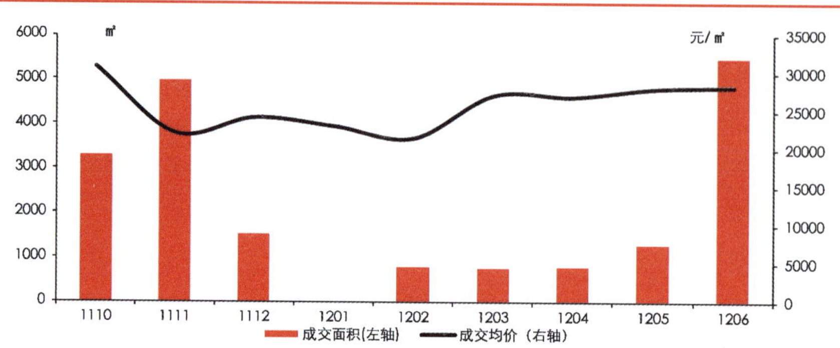

数据来源：北京中原市场研究部

15.3.2 高米店板块

高米店板块主要指的是地铁大兴线高米店北及高米店南站辐射区域。由于交通配套设施的改善，该区域涌现了大量新建住宅项目，其主要购房群体为受到挤压的城区上班族群。该板块目前均价为 15000~30000 元 /m^2 左右，普通住宅均价为 15000~22000 元 /m^2 之间，成交价格普遍高于黄村板块。主要原因为该区域距城区距离相对较近，地处黄村和亦庄 2 个卫星城之间，配套设施相对完善。

该区域热点项目主要为“鸿坤理想城”、“北京城建红木林”、“旭辉御府”等，多为普通住宅项目，主打 60~220m^{2}1~4 居，户型选择相对较多，刚需及改善型客户的需求均可满足。该板块新建住宅市场对价格反映比较敏感，以鸿坤理想城为例，限购前该项目均价已达 20138 元 /m^2，执行限购政策后，该项目销售表现明显下降，成交价格也明显下跌，至 2012 年 2 月，其销售均价跌至 16463 元 /m^2，降幅为 18.25%。2012 年 3 月，北京住宅市场有明显回升趋势，截至 7 月，该项目成交均价为 18713 元 /m^2，较之 2 月上涨 13.67%。

北京市大兴区高米店板块项目整体情况（2012 年 7 月）

表 15-3

项目名称	上市量(m^2)	套数（套）	物业类型	主力户型（m^2）	开盘时间
领海·朗文世家	8759.68	60	普通住宅	112~140 3 居、212 4 居	2011-03-02
	5158.59	30	普通住宅	90 2 居、112~178 3 居、172~220 4 居	2011-04-13
	30515.11	220	普通住宅	90 2 居、112~178 3 居、172~220 4 居	2011-06-26
	26760.27	159	普通住宅	124~128 3 居、145、153、212、222 2 居	2011-12-07
金地仰山	31490.78	245	普通住宅	85~90 2 居、96~140 3 居	2011-03-17
鸿坤理想城	17412.02	136	普通住宅	93 2 居、140 3 居、170 4 居	2011-05-14
	8569.52	72	普通住宅	96 2 居、141 3 居	2011-07-10
	18835.04	136	普通住宅	94 3 居、137、143 3 居、175 4 居	2012-03-04
	13251.48	104	普通住宅	92 2 居、135~145 3 居、180 4 居	2012-03-17
	33609.61	366	普通住宅	60 2 居、90 2 居、100~150 3 居	2012-04-27
	20918.16	237	普通住宅	62~96 2 居、97~140 3 居	2012-06-10

续表

项目名称	上市量（m^2）	套数（套）	物业类型	主力户型（m^2）	开盘时间
旭辉御府	54050.67	332	花园洋房	90 2 居、130~160 3 居	2011-06-05
	81930.01	417	普通住宅	165~256 3~5 居	2011-10-23
北京城建・红木林	27618.23	350	普通住宅	40~50 1 居、60~80 2 居、100~140 3 居	2011-08-06
	20995.42	250	普通住宅	77、80 1 居、108 3 居	2011-11-03
	11877.56	116	普通住宅	70 1 居、104~153 2 居	2012-04-29
首邑溪谷	7852.86	155	普通住宅、公寓	46~73 挑高小户型	2011-09-11
	11265.04	108	普通住宅	85 2 居、125 3 居	2011-10-21
	6010.40	27	别墅	2~4 层两户，户型面积约 300m^2（含 100m^2 的赠送面积）	2012-04-18
	6010.40	27	别墅	218~222 4 居、218~223 复式	2012-04-27

数据来源：北京中原市场研究部

北京市大兴区高米店板块新建住宅销售情况（2012 年 7 月）　　表 15-4

项目名称	销售均价（元 /m^2）	销售现状
领海・朗文世家	15000	2004 年第一次开盘，2011 年 4 次加推，新增 469 套，已销售 435 套，去化率 92.75
金地仰山	20000	2010 年开盘，目前销售 1998 套，去化率 97.61%
鸿坤理想城	19000	主打刚需及首改产品，2007 年 10 月开盘，2011 年至今 5 次加推，是大兴区销售冠军，去化率为 82.81%
旭辉御府	18500	2011 年 6 月开盘，去化率 40.38%
北京城建・红木林	21500	2011 年 8 月开盘，截至目前去化率达 86.53%
首邑溪谷	25500	主打低密度住宅产品，2010 年 10 月开盘，截至目前去化率达 81.45%

数据来源：北京中原市场研究部

图 15-9 北京市鸿坤理想城销售情况（2011 年 1 月—2012 年 7 月）

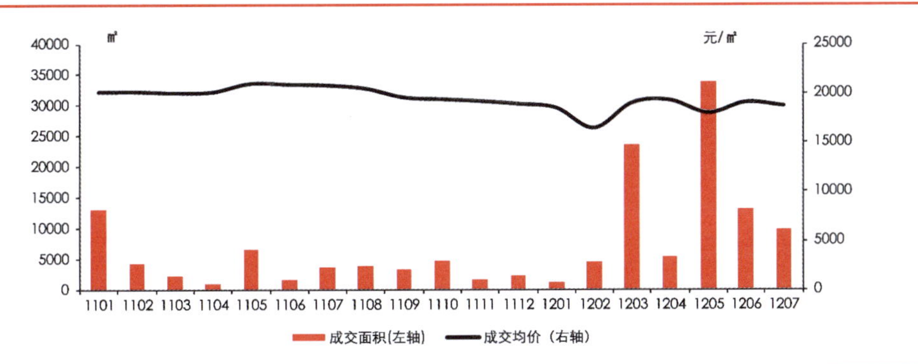

数据来源：北京中原市场研究部

图 15-10 北京市北京城建红木林销售情况（2011 年 6 月—2012 年 7 月）

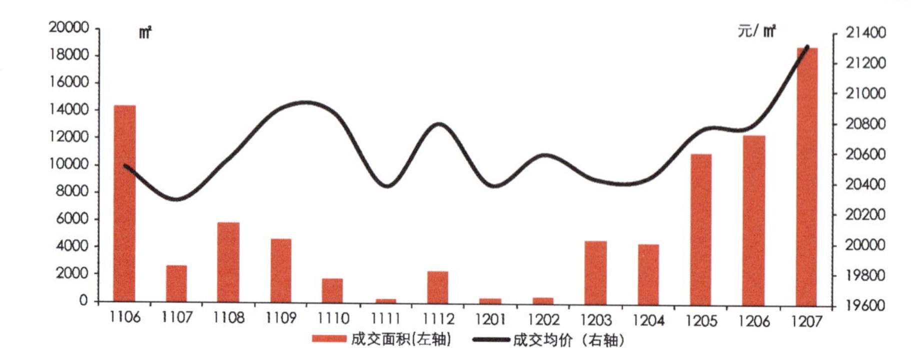

数据来源：北京中原市场研究部

图 15-11 北京市旭辉御府销售情况（2011 年 6 月—2012 年 7 月）

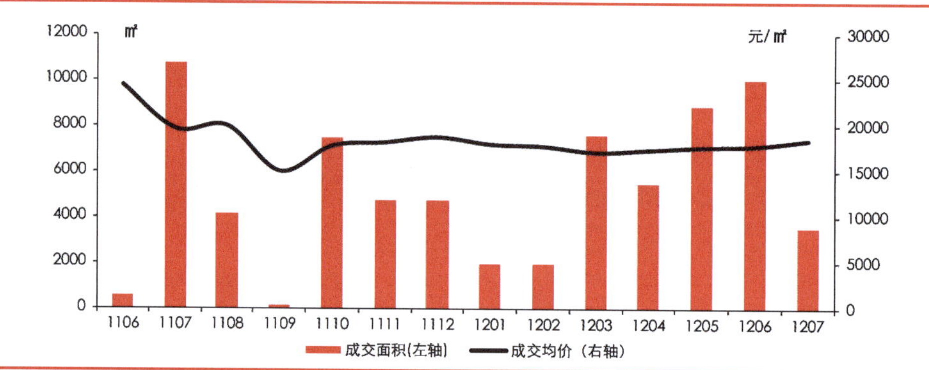

数据来源：北京中原市场研究部

15.3.3 黄村板块

地铁大兴线的开通为黄庄板块的房地产市场发展带了新的契机，便利的轨道交通极大地缩短了通勤时间，使得该区域地铁沿线项目受到上班族的青睐。该区域的主要购房客群正是当地居民及城区挤压客群。该板块热点项目如龙湖时代天街、保利春天里等，其主要客群均为刚需或改善型，主打户型多为 85~160m^2 的 2~4 居。

黄村板块住宅项目均价范围在 13000~15000 元 /m^2 之间，属 3 个热点板块中价格较低的区域，主要原因是黄村区域距离市区较远，且大兴区配套设施分布不均，该板块正处于发展中阶段，各项配套设施尚不成熟。

2011 年 9 月、10 月并没有像各大开发商期待的那样成为复苏的起点，反而走入了更寒冷的冬季。黄村板块内的热点项目龙湖时代天街选择在 2011 年 11 月开盘入市，其销售策略正是以价换量，并在疲软的市场中取得不俗的表现。2011 年 11 月该项目均价仅为 10736 元 /m^2，截至 2012 年 6 月，该项目成交均价已达 13454 元 /m^2，涨幅超过 25%，去化量达 76.08%。

北京市大兴区黄村板块项目整体情况（2012 年 7 月）

表 15-5

项目名称	上市量（m^2）	套数（套）	物业类型	主力户型（m^2）	开盘时间
果岭假日	3828.77	48	别墅、花园洋房	别墅 200~530m^2、住宅 60-138m^2	2011-010-7
龙湖·时代天街	61044.39	617	普通住宅	85m^2 2 居、98m^2 3 居、130~168m^2 4 居	2011-11-09
	51566.53	421	普通住宅	130、145、169m^2 4 居	2011-12-11
	47027.47	419	普通住宅	85m^2 复式 2 居、98m^2 3 居；130、145、160m^2 4 居	2012-03-04
	68648.51	626	普通住宅	85m^2 通透 2 居复式	2012-05-16
保利春天里	60061.29	672	普通住宅	58m^2 1 居、84m^2 2 居、95m^2 3 居；140、153m^2 4 居	2012-04-28

数据来源：北京中原市场研究部

北京市大兴区黄村板块新建住宅销售情况（2012 年 7 月）

表 15-6

项目名称	销售均价（元 /m^2）	销售现状
果岭假日	14000	别墅项目，2006 年开盘，目前去化率达 71.12%
龙湖时代天街	13454	2011 年 11 月开盘以来居大兴区成交套数之首，已销售 1342 套，去化率达 72%，
保利春天里	15390	备受期待的刚需热盘，2012 年 5 月上市 672 套房源，已售出 605 套，去化量超过 90%

数据来源：北京中原市场研究部

图 15-12 北京市龙湖时代天街销售情况（2011 年 11 月—2012 年 7 月）

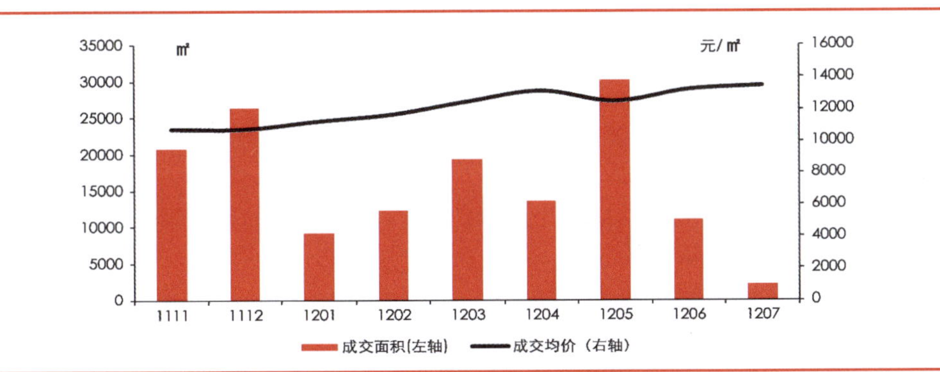

数据来源：北京中原市场研究部

图 15-13 北京市保利春天里销售情况（2012 年 5 月—2012 年 7 月）

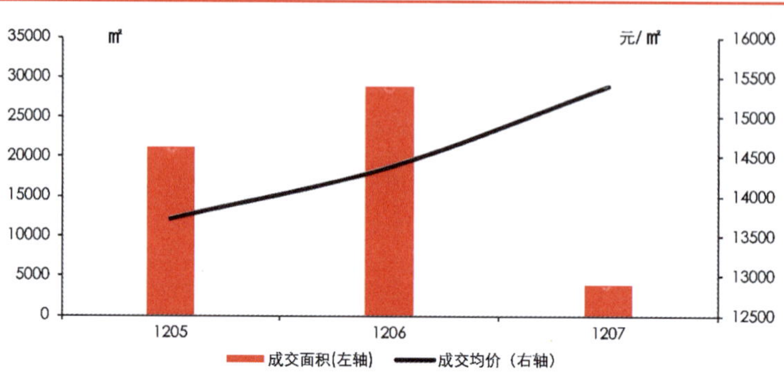

数据来源：北京中原市场研究部

15.4 大兴区率先领降 降价潮逐步蔓延

大兴区是北京各区县中在售项目量最多的一个行政区，在售项目近 30 个，其中有 20 个左右的在售楼盘正处在主力销售期，主要位于黄村以及大兴线等轨道交通沿线。调控政策出台后，新建住宅市场成交一度萎靡，大兴区域也不例外。但 2011 年 5 月份之后，部分项目采取降价的销售策略，该区域成交开始反弹，6 月份单月成交套数调控后首度过千，但是均价相对也有所下降。

由于远郊区县对市场反应敏感，其最明显的表现在于该区域新建住宅销售价格的不断下调。2011 年北京新建住宅市场降价潮就是从远郊区县逐渐向主城区蔓延。大兴区内部分新建住宅项目降价换量的成功，也为僵持中新建住宅市场打开了一扇大门。大兴区热销项目的成功使得各开发商纷纷效仿，采取现金为王、降价跑量的销售策略，北京新建住宅成交均价不断回落，成交量日趋稳定。

15.5 大兴区市场总结及未来发展趋势

2011 年限购以来，在楼市限购力度不减，库存量不断攀升的情况下，低价换取销量成为房企生存的主要方式。低价、降价项目逐步增多。通过对上述热销板块的分析可知，大兴区之所以能在低迷的市场成功崛起，主要源自以下几个方面：

第一、热销项目低价入市、降价优惠等成为常态。限购后大兴区不断出现低价热销项目，房价优势成为其拉动成交量最重要的因素。

第二、区域规划优势显现、配套设施日趋成熟。轨道交通的不断完善大大缩短了南北城区间的通勤时间，相对于其他尚未开通地铁线路的区域来说，拥有两条南北贯穿的地铁线路的大兴区更加受到城区客群的青睐。

第三、刚需户型适应市场。刚性需求趋向于一步到位的买房方式，“小 3 房”等紧凑功能房型开始成为市场的新宠。大兴区内热销楼盘普遍推出总价低、中小面积的 2、3 居室户型，迎合了以刚需及首次改善客户为主体的市场要求。

第 16 章 30 年河东 价值高企 —— 天津市河东区区域价值发展解构

天津中原投资顾问部 焦仲伟

河东区是天津市中心城区之一，位于海河东岸，辖区面积 40km^2，常住人口 85 万，是天津市发祥地之一。河东区具有丰富的可开发土地，拥有 8.28km 中心城区海河沿岸发展带，覆盖京滨、海河发展双轴。交通便捷，是天津未来最具发展潜力的区域。

近年来，随着城市进入高速发展期，传统城市核心板块，如五大道、老城厢等进入开发末期，而与和平区、河西区隔海河相望的河东区，逐渐成为本地与外来品牌房企关注的最后一块风水宝地。早在 2007 年，金地地产、振业地产就先后 2 次在河东区拿地，刷新了当时天津住宅地块的楼面价。随着开发的深入，河东区也成为天津楼市发展的一个缩影。

16.1 河东区区位优势

由于多种因素影响，河东的经济和社会发展还存在着一些困难和问题。例如，区域经济虽然发展较快，但基础薄弱、素质不高、效益较低，经济增长仍然以速度型、粗放型为主；城市建设任务繁重，压力较大等等。尽管如此，区域近年来的发展凭借其有序的科学规划与合理的区域定位，取得了长足的进步与发展。

- 区位功能优势——独占双轴 京津滨海之动脉

在天津市空间发展战略规划中，河东占据京滨综合发展轴、海河综合开发发展轴 2 大核心区域。依托东部门户的区位优势与城际高铁、快速路、机场等构成的综合交通优势，加速形成与北京，滨海新区之间愈加紧密的快速联动发展态势；在中心城区沿海河为轴心展开的“一主两副”规划中，河东又占据小白楼 - 南站 CBD 地区城市中心和天钢柳林地区城市副中心的重要位置，区域发展潜力很大。

- 独特区位 同享“三区”优势

河东区独特的地理位置优势，使其可以共享以下“三区”的优势。

天津市中心城区核心商务区：建设中的天津中央商务区 CBD 坐落于海河东岸，11 座跨河桥梁使本区与和平区、河西区融为一体。

北京市高端服务经济聚集区：北京天津 29 分钟通达。河东将利用同城化的优势，把天津站商圈打造成吸引北京高端总部经济的聚集地、商业和现代服务业的聚集区及旅游休闲娱乐的“不夜城”。

滨海新区生产生活服务区：河东区处在中心城区与滨海新区发展主轴线的起点上，到滨海新区核心区 25 分钟，到滨海国际机场和临空产业区 10 分钟。河东区将打造成为滨海新区的“后花园”。

- 海河开发优势

海河是天津的母亲河，河东区拥有海河沿岸 8.28km 的可开发区域。随着天津市沿河拓展战略的实施和海河服务型经济带、文化带、景观带的逐步形成，以及区内嘉里中心、渤海银行总部、中粮大道、中信城市广场、水岸银座、万达中心等一批项目相继开发建设，将全面带动区域内现代服务业的发展壮大，为河东区的发展带来极大的后发优势。

- 交通优势——立体交通网络 链接京津滨海

河东区位于天津市城市发展规划的主轴线，东临滨海新区，距滨海国际机场 6km、津京城际高铁枢纽站坐落区内，津滨轻轨，2、3、4、5、9、11、13 号地铁线在区内交织，津滨高速、京山线亦在区内交汇。本区具备 5 分钟到达车站、10 分钟到达机场、25 分钟到达滨海新区核心区的独特交通优势；是市区通往机场、港口、滨海新区的必经之路，是连接天津市区和滨海新区的桥梁和纽带，区域内成熟完善的交通系统，为河东发展创造独一无二的优势。

- 资源优势——各类资源充裕 发展潜力无限

河东区拥有丰富的土地资源可供开发。规划中的楼宇园区、创意产业园区、科技产业园、都市产业园区等各具特色。这些资源为河东区经济发展带来巨大的潜力和空间。

- 文化优势——见证天津变革 洋务运动之源

河东区内大直沽迄今已有 800 多年历史，见证了天津的生衍、发展和繁荣。以妈祖文化、漕运文化、庙祠文化、泔酒文化为主要内涵的直沽文化，积淀了天津独特而又丰厚的历史古蕴和文化底蕴。“先有大直沽，后有天津卫”是大直沽文化作为天津历史的准确描述。同时河东区还是近代中国洋务运动的发祥地，这些历史文化资源为打造历史文化名区奠定了基础。

“金贸河东”功能定位——河东区将建设成为天津市现代商务中心的重要组成部分和交通枢纽，面向北京和滨海新区的金融、商务聚集地。重点发展以银行、保险类业务为主的金融服务业，以商贸流通、现代物流为主的商务服务业，以广告、音乐创作和新媒体为主的创意产业，大力发展服务外包业，大力发展商业地产。

16.2 河东区楼市发展历程

回顾河东区近年来的市场发展，以下各时期的重大事件，标志着本区从价值洼地到潜力区域逐步提升的整个过程：

河东区历年发展阶段汇总表

表 16-1

阶段	日期	事件	备注
市场发展初期	2000—2006 年	2000 年之后，随着河东区中山门大型居住区、万新村以及丽苑大型居住区的大规模建设，城区的居住环境得到明显改善。此间，区域内先后开发建设有太阳城、第六大道、恋日风尚、阳光维也纳、钱塘精英汇、阳光星期八、都市靓点等一大批热销的商品住宅项目，为区域楼市发展奠定基础	众多项目的有两大共通之处：一是大多数项目的案名都与“阳光”沾边；另外此间楼盘热销的一大原因在于其价格远低于海河西岸区域（和平、河西、南开）的楼盘，部分海河西岸市民也售价格因素被挤压到河东区置业
市场震荡期	2006 年 10 月 29 日	阳光股份以楼面地价 3800 元 /m^2 拿下河东区卫国道万东小马路地块，成为当年河东区地王	当河东区商品住宅成交均价为 6200 元 /m^2
	2007 年 08 月 01 日	金地地产以楼面地价 6700 元 /m^2 拿下河东区津塘路地块，成为天津市地王	金地津塘路的地王仅维持 1 天
	2008 年 09 月 06 日	河东区中山门板块融科金月湾开盘，开盘成交均价 7800 元 /m^2，时隔 1 月同区位的格调竹境开盘均价 8000 元 /m^2	经测算，两盘售价均略高于成本价格
	2008 年 10 月 25 日	阳光新业国际项目正式开盘，当日认购仅 11 套，次日调整价格策略，贷款优惠 8 个点，一次性付款优惠 10 个点	受 2008 年政策调控及国际整体经济萧条影响，当年的“地王”风光不再
稳步发展期	2009 年	津滨大道沿线河东万达广场、红星国际广场项目相继亮相、入市并盛大开盘，销售业绩不俗，同时带动区域整体价格上升	津滨大道板块沉寂多年后步入快速发展期
		中山门板块融科金月湾、格调竹境两盘成交放量、供需两旺，住宅价格迅速破万	中山门、卫国道两大板块住宅凭借其高性价比在 2009 年成为全市住宅成交热点板块，大放异彩
		卫国道沿线阳光新业国际、阳光星期八、红城等项目年内几乎售罄，价格万元以上	
	2010 年	津滨大道板块河东万达广场、红星国际两盘持续放量，价格一路上扬	板块价值持续高企
		中山门板块金地•紫乐府高端别墅入市，融科金月湾、格调竹境进入尾盘销售阶段	千万级城市别墅的热销验证了河东区豪宅市场的价值及可行性
		卫国道末端路劲屿东城 120 万 m^2 超级大盘高调入市	现阶段河东区体量最大的超级大盘撬动河东区东北部板块的价值
高速发展期	2011—2012 年	六纬路沿线卓越浅水湾、水岸银座、万达公馆等项目相继入；此外，嘉里中心、中粮大道、渤海银行总部、中信城市广场等一大批项目相继开发建设，将全面带动区域内现代服务业的发展壮大，为河东区的发展带来极大的后发优势	六纬路板块凭借其区位优势，整个板块开始发力，同时带动整个河东区未来 5 年的发展轨迹，提升全区价值

资料来源：天津中原投资顾问部

河东区将是天津未来最有发展潜力，最适合居住、生活和休闲的地方之一。据规划，本区未来将建造规模超过 300 万 m^2 的商业中心，充分满足海河东部及河东区域百姓的消费需求。将来居民在本区内就可以一次性满足所有的消费需求，不必再跑南京路。大大提高了本地居民生活品质及便捷程度，进而对区域价值的拉升也起到更大的作用。

16.3 5 大板块构建区域价值

根据河东房地产市场发展成熟度和项目的聚集状况，可将该区域划分为以下重点板块：新开路板块、卫国道板块、六纬路板块、津滨大道板块、中山门板块。

图 16-1 河东区板块分布图

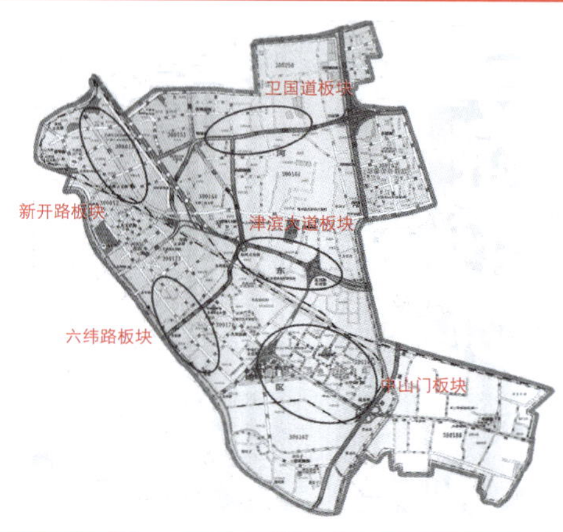

资料来源：天津中原投资顾问部

16.3.1 新开路板块

新开路板块是河东区起步最早的新建商品住宅市场板块，也是区域内发展最为成熟的板块。其发展主要得益于东站后广场的提升改造与旧城危陋房屋的拆迁。发达的交通体系、浓厚的商业氛围和都市住宅的形象是板块的主要特色。近年来，该板块出让土地多为综合用地，居住用地出让较少。

板块内产品形式普遍为高层，在售项目较少。该板块主要吸引改善型客户、购买力较强的首次置业型客户以及部分投资型客户。改善型客户与首次置业型客户多来自于板块周边区域，也有部分看好此板块发展的其他区客户。

天津市河东区新开路板块项目基本情况 表 16-2

项目名称	建筑面积（万 m^2）	容积率	物业类型	户型区间（m^2）	开盘时间	销售均价（元 /m^2）	开发商
振业城中央	19	4.0	高层	2 室 87~97；3 室 130~135	2011 年 07 月	15000	振业

资料来源：天津中原投资顾问部

16.3.2 卫国道板块

作为中心城区通向滨海地区的必经之路，卫国道板块的地理位置可谓十分优越。在天津市因交通状况而升值各个区域中，本板块可谓是最大受益者。板块内居住用地容积率在 1.5~2.5 之间，多为中档楼盘。在阳光星期八、顺驰太阳城、恋日风景等项目的拉动下，板块内房地产售价及产品品质等方面均有相当程度的提升。未来，该板块住宅供应量较大，将成为中心城区中档楼盘的主要供应区。

近年来，板块内供应产品以高层、洋房为主，小高层在板块内较为稀缺。此板块内项目，销售情况较好，沿卫国道向外环方向，价格呈逐渐递减态势。客户多来自于河东区及东丽区，改善型和婚房置业需求量较大。

天津市河东区卫国道板块项目基本情况　　表 16-3

项目名称	建筑面积（万 m^2）	容积率	物业类型	户型区间（m^2）	开盘时间	销售均价（元 /m^2）	开发商
红城	14	1.6	高层	1 室 64~73 2 室 78~119 3 室 126~149 4 室 158~192	2011 年 05 月	16000（毛坯） 18000（精装）	天津长芦
招商雍华府	12	2.5	高层、小高层、叠拼别墅	高层 1 室 85~89 2 室 107， 3 室 117~150， 叠拼 235~390	2011 年 05 月	高层 13500， 叠拼 500 ~ 700 万 / 套	招商九龙仓
路劲太阳城	25	2.4	高层、洋房	高层 2 室 95， 3 室 105~130， 4 室 165 洋房 3 室 113~143， 4 室 167	2010 年 10 月	高层 10300， 洋房 12600	路劲

资料来源：天津中原投资顾问部

16.3.3 六纬路板块

六纬路板块是天津市最具发展潜力的板块之一。依托市政规划的利好，该板块将建设成为辐射中国北方地区的中央商务区。目前，万达中心、嘉里中心、中粮大道以及中信广场等多个大型高端综合体在建。在众多知名开发商的联合推动下，区域价值逐渐显现。

板块内在售产品全部为高层，且以精装修为主，户型上呈现出两极分化态势，即以小户型和超大户型为主。当前主要购房者为高端客户与投资型客户，投资型客户所占比例较多。

天津市河东区六纬路板块项目基本情况　　表 16-4

项目名称	建筑面积（万 m²）	容积率	物业类型	户型区间（m²）	开盘时间	销售均价（元 /m²）	开发商
卓越浅水湾	9	7.0	高层	2 室 80 ～ 85 3 室 118	2010 年 09 月	15000（精装）	天津高盛房地产
鼎泰大厦	4	7.0	高层	1 室 60 2 室 120 3 室 186	2012 年 05 月	13000（精装）	河东美东房地产
万达公馆	10	3.7	高层	3 室 248 ～ 355	预计 2012 年 07 月底	预计 26000（精装）	万达
雅颂居	18	5.6	高层	1 室 80 ～ 90 2 室 130 ～ 150 3 室 180 ～ 190	预计 2012 年 08 月初	—	天津嘉里
中粮大道	20	5.8	高层	2 室 110 ～ 120 3 室 140 ～ 180	预计 2013 年	—	中粮
中信城市广场	30	6.7	高层	200 以上	—	—	中信

资料来源：天津中原投资顾问部

城市 Market

楼事 Story

数据 Data

16.3.4 津滨大道板块

津滨大道板块是近年发展的新兴板块，是天津“双城双港、相向拓展”战略布局中的重要节点。万达广场、红星国际的进驻，很大程度上提高了板块的商业氛围。居住区与商业区的有机结合成为该板块的一大特色。

板块内在售项目较少，产品以高层为主。该板块主要吸引 2 类客户：改善型客户及投资型客户。其中，改善型客户多为认可区域发展前景的地缘性客户，也有部分其他城区因看好其交通条件而购房的客户。

天津市河东区津滨大道板块项目基本情况　　表 16-5

项目名称	建筑面积（万 m²）	容积率	物业类型	户型区间（m²）	开盘时间	销售均价（元 /m²）	开发商
红星国际	14	3.5	高层、叠拼别墅	高层 2 室 88 ～ 100，3 室 123 ～ 132 叠拼 180 ～ 270	2010 年 09 月	高层 13500 别墅 255 ～ 700 万 / 套	天津华运

资料来源：天津中原投资顾问部

16.3.5 中山门板块

中山门板块是河东区几大居住板块中比较有特色的一个板块，也是近年来中心城区发展最为迅速的板块之一。一直以来板块内项目较少，市场影响力不高，但最近几年，在泰达、融科及金地等品牌开发商的引领下，该板块迅速发展成为天津房地产开发的新兴和热点板块，逐渐得到市场的认可和消费者的关注。

目前，该板块是中心城区在售住宅项目最多的板块，产品类型也较为丰富。高层售价12500 ~ 14500 元 / 平米，洋房 15000 元 / 平米左右，别墅 24000 元 / 平米。高层产品是板块内的热销品种，其适中的户型与单价，吸引了不少周边区域的首置及初级改善型客户。别墅产品的主要购买者多为来自中心城区的高收入者。

天津市河东区中山门板块项目基本情况　　表 16-6

项目名称	建筑面积（万 m^2）	容积率	物业类型	户型区间（m^2）	开盘时间	销售均价（元 /m^2）	开发商
金地紫云庭	30	3.1	高层、洋房	高层 2 室 101 ~ 135，3 室 145 ~ 179 4 室 214 ~ 250 洋房 3 室 120 ~ 160	2011 年 08 月	高层 12500、洋房 15500	金地
金地紫乐府	7	0.8	联排别墅	200 ~ 450	2010 年 10 月	628~ 1700 万 / 套	金地
雅仕兰庭	27	2.5	高层	2 室 86 ~ 96 3 室 125 ~ 136	2011 年 10 月	13000	天津汇登
朝阳绿茵	9	1.8	高层	2 室 96-101 3 室 118-135	2010 年 04 月	12600	天津新型建筑材料房地产
富民河畔家园	3	2.5	高层	1 室 51 2 室 84 ~ 94 3 室 137 4 室 172	2011 年 07 月	14500	天津汇贤

资料来源：天津中原投资顾问部

16.4 河东区未来发展趋势

河东区作为天津市最近接滨海的中心城区，凭借其地域优势、定位优势，成为环渤海经济和天津经济腾飞的起点。未来十年，河东区将作为天津重点发展的“副中心”，成为天津市区与滨海的直接纽带。按照天津市整体规划布局，河东区将着力打造“五大优势产业集群”和“三条经济发展带”，即天津南站中央商务区、天津站嘉华交通枢纽型商务商业聚集区、津滨大道现代商贸物流聚集区、直沽文化旅游观光区，以及二号桥都市工业园区。同时，《河东区总体城市设计》中也明确了“把河东区建设成为天津市现代商务中心的重要组成部分和交通枢纽，面向北京和滨海新区的金融、商务聚集地”的规划发展目标。

站在城市发展的高度来看土地问题，海河东部已经成为目前天津发展的热点。因为城市的发展需要足够多的空间，而目前天津商业中心所处区域发展空间有限，已趋于饱和。河东区目前可用土地总面积达 40 万 km^2，其中 13 万 km^2 已经处于可开发阶段，还有 27 万 km^2 土地可大有作为，良好的城市规划以及广阔的土地资源，为本区将来的发展提供了强有力的支撑。

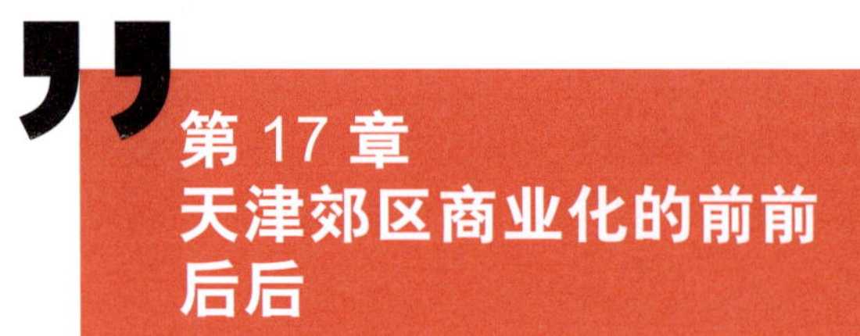

第 17 章 天津郊区商业化的前前后后

天津中原投资顾问部　陈晰

随着城市经济的高速发展，城市居民对生活环境和居住条件提出越来越高的需求；随着城市中心区交通日趋拥堵、空气污染日益严重，人们开始把目光眺向更遥远的市郊地区；随着市郊房地产开发越来越兴旺，公共交通、商业零售、文化娱乐、高速道路等配套快速向市郊区域延伸和拓展。于是，住宅开发、商业地产开发理所当然地在市郊地区轰然崛起。

图 17-1 天津各区域住宅新增供应量（2009—2012 年 1—7 月）

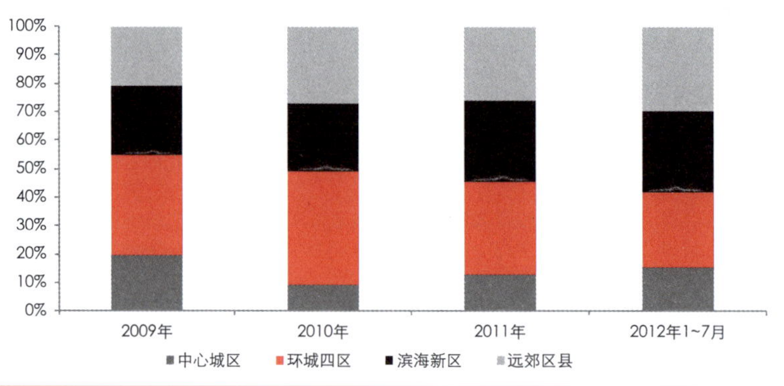

数据来源：天津中原数据库

17.1 天津郊区商业地产发展

近几年，天津市郊的房地产开发和建设突飞猛进。随着市区的住宅地产项目不断外溢，天津环外区域住宅地产项目轰轰烈烈地发展起来。这就促使居民商业消费需求日益增长，同样也就吸引越来越多的商业地产项目闻讯而来，其中不乏一批大型地产企业和知名品牌公司。他们纷纷引入新型商业地产开发理念，甚至直接复制当今市场上最先进、最时尚的商业模式大力开发商业地产，天津市郊新型商业地产化越来越明显。

2009—2012 年上半年，天津中心城区住宅市场供应逐渐趋于萎缩，2012 年上半年仅占天津全市住宅市场新增供应量的 15.6%。与此同时，在天津市区难以为继的住宅地产项目不得不向市郊快速外溢，而商业地产供应格局同样发生巨大的变化。

2009 年，天津城区和市郊商业地产项目供应格局呈“平分秋色”态势。到 2010 年，中心城区商业地产项目供应发生“井喷”状况。以后 2 年，天津城区商业地产市场日渐式微，相反市郊商业地产化日益明显。今天，天津市郊的商业地产项目供应占比已达到 36.7%，超过中心城区和环城四区新增供应量的总和。事实表明，未来商业地产热点区域必将越来越向天津远郊区县及滨海新区扩展。

图 17-2 天津各区域商业新增供应量（2009—2012 年 1—7 月）

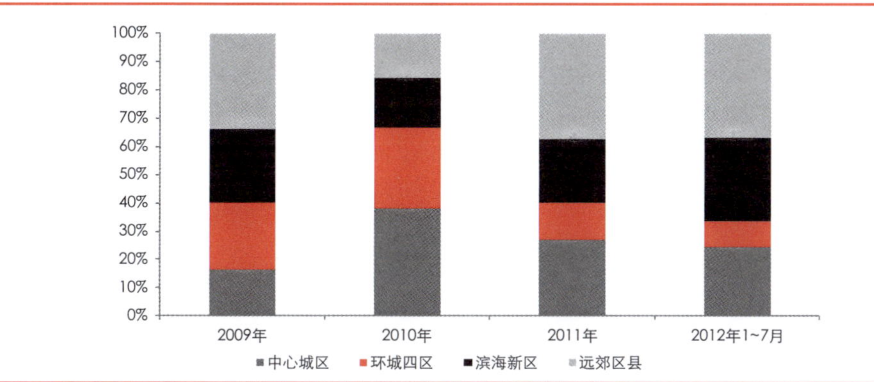

数据来源：天津中原数据库

17.2 天津商业郊区化现状

17.2.1 商业中心正由中心城区走向近郊

图 17-3 天津城市商业空间结构分布图

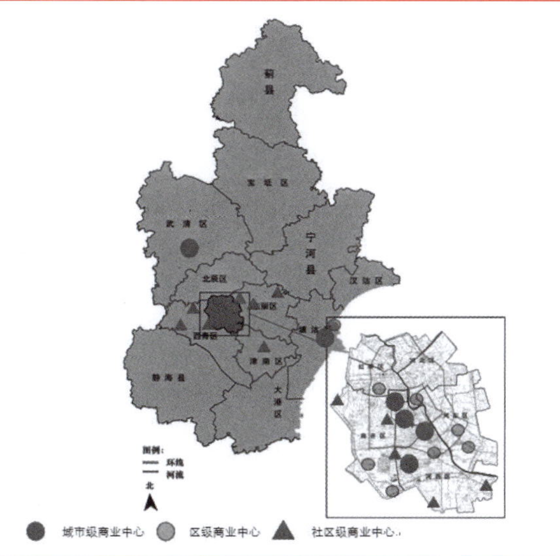

资料来源：天津中原投资顾问部根据公开资料整理

目前来看，天津商业地产呈现由核心区同时向东和向南外围地区拓展的特点。由于环城区域靠近中心城区，这里成了人口外迁的首选区域，当然也就成为商业地产拓展的必争之地。在这些商业地产项目中，商业街和集中式商业成为那里商业地产的重要模式。其中，西青区、津南区分布最为密集。譬如，西青区正在建设规模巨大的“地丰广场”，津南区正在开发大型“耀华心壹街”等商业地产项目。

17.2.2 零散商铺变身商业广场和购物中心

随着中心城区可开发土地的缩减，土地价格不断攀升，商业地产的发展受到空间和成本等因素严重约束；此时郊区可利用的土地多、面积大，而且土地价格便宜。正因为拥有如此多优势，众多品牌发展商纷纷将目光投向天津市郊区域。他们将新型的商业理念和发展模式引入商业地产项目，使近郊区商业地产市场发展水平得到很大提升。

目前，天津市郊商业地产项目开发最大的特点是，即由过去的零散商铺向“商业广场”和“购物中心”模式变身。以下作简介：

南开区——该区以“华苑”板块为例，经过近 10 年的发展，今天已经成为拥有 10 多万高素质居民的大型成熟的现代化社区。那里原有的零散商业配套设施已远远满足不了社区居民的消费需求，而“华苑新天地生活广场”的建成则填补了“华苑”板块的商业空白。该生活广场在原有基础上又加入餐饮、娱乐、购物等多种商业业态，这种商业地产项目的多元组合极大地丰富和提升了社区居民的生活品位。

西青区——该区的“地丰广场”是一种现代化集中式商业地产项目，该项目首次实现了由传统的零散型商业向多功能商业广场模式的转变。2012 年 5 月，永旺集团在中北镇开出“中北永旺购物中心”，这是该集团在天津开张的第二家拥有新的商业模式的“购物中心”。今天，该商业设施的辐射范围已扩大到西青区周边较远的区县乃至全部天津城区。此种新的商业模式为西青区的消费者带来时尚加现代化的消费模式，同时也丰富了天津消费者的假日休闲生活。

津南区——该区是近郊商业地产项目成交最火爆的地区，商业项目主要集中在咸水沽镇。该区域的住宅市场原本就相当成熟，这就为商业地产发展奠定了良好基础。该地区供应项目主要以社区商业街和商业广场为主，包括“沽上江南”、“耀华心壹街”、“中心大街”等项目。这些产品大都是不足 100m^2 规模的小型商铺，既具备实用性、又具备一定投资属性，很有发展前景。

17.3 天津商业郊区化的因素分析

17.3.1 居民消费习惯的转变

在天津城市中心区居住密度大幅度提高，市区所面临的交通和污染等“城市病”问题越来越严重之际，一批市民逐步离开中心城区向外迁移，以寻求更适宜的居住场地。

精明的开发商早就闻讯而动，在天津市郊大批拿地、大批开发中高档居住社区。伴随而来的就是这里大批商业市政配套以及居民生活娱乐设施应运而生，使得天津市郊商业地产化特征日趋明显。

近几年，由于天津城市经济发展加快，居民生活和收入水平不断提高，也使得居民的生活观念和消费习惯发生巨大变化。他们不仅仅局限于对物质的追求，对精神、文化、娱乐、休闲生活也越来越向往。因此，市郊原有的单一商业业态已不能满足市民的需求。此时，适应包括购物、餐饮、娱乐、休闲、文化等多种需求的多功能的综合型商业地产项目应运而生。正因为市郊商业地产项目快速发展，加上项目品质越来越精致和时尚，促使市区居民都舍近求远涌向市郊商业地产项目，由此使得居民原有的消费习惯逐渐被打破。

17.3.2 轨道交通、快速路的发展及私家车的普及

随着天津城市建设和交通设施的发展，天津地域范围不断向郊区拓展。公交、地铁、轻轨、快速道路等现代化交通形成了地上、地下全方位、立体化的交通网络体系，特别是高架快速道路的延伸大大地提高了城区和市郊的通达性。

统计表明，截至 2010 年末，天津私家车保有量达到 55.7 万辆。而私家车的普及有效地缩短了市区与郊区的时间和距离，对天津市郊商业地产的拓展起到明显的推动作用。当然，让市区居民奔向郊区购物、娱乐、休闲开展消费成为可能。

17.3.3 新业态、新品牌的引入

近 2 年在天津市郊商业地产化的基础上，更多的新型商业业态发展起来。包括主题商业、“一站式”消费模式、体验式购物、旅游休闲地产项目等等，给市民消费形态带来巨变。譬如，天津武清区、静海县、东丽区等市郊相继崛起大批现代化、大型化、时尚化的商业地产项目，从而促使市郊商业地产带来更大的发展机遇。

天津郊区特色商业项目举例　　表 17-1

区域	项目名称	项目规模（m^2）	开业时间	经营业态	项目特色
西青区	希乐城	一期 2.2 万	2012-04-21	儿童体验乐园	目前亚洲规模最大的职业探索乐园，“职业体验 + 教育体验”的儿童娱乐项目
东丽区	宜家家居	6.76 万	2011-02-10	体验式家居卖场	倡导自助式购物理念，融合餐饮、购物、体验和儿童娱乐等多种功能于一体的大型家居卖场
	东丽湖水上温泉欢乐谷	占地 5.5 万	2008-05-01	温泉度假	集休闲、餐饮、娱乐、度假、商务、理疗、健身等多项服务功能于一体，天津首家室内生态园林式水上温泉主题乐园
武清区	佛罗伦萨小镇 - 京津名品奥特莱斯	6 万	2011-06-09	高端名品折扣中心	天津首家大型高端名品折扣中心，引进 200 家意大利顶级奢侈品牌和世界时尚名牌
	凯旋王国	占地 30.7 万	20120707	主题游乐园	以大型户外游艺项目和环球杂技大赏为主，并结合餐饮、娱乐等业态，打造北方游乐园的航母
静海县	团泊湖温泉酒店	占地 8 万	2008.12-23	温泉度假	天津首个高端露天温泉度假休闲特色酒店

数据来源：天津中原数据库

譬如，坐落在武清区的“佛罗伦萨小镇——京津名品奥特莱斯”，早在 2011 年 6 月就开街纳客。这里进驻 200 多个国际商业时尚品牌，又具备集购物、休闲、娱乐等于一体的多元功能，吸引了京、津两地最具时尚眼光和品牌意识的中国新一代消费群体。加上该项目紧临高速道路出口以及和京津高铁站，大大缩短了几大城区之间的距离。项目自开业以来，凡是周末和节假日期间，平均每天接待消费者达 2.5 万人次。数据表明，其中来自北京、河北、山东等周边省市地区的消费者占比高达 4 成。如紧邻该项目的“如家快捷酒店”，开业以来住宿率明显提升，当然也意外地拉动了当地的旅游业和酒店业。

譬如，坐落在静海县的“团泊新城”是天津重点建设的11大新城之一。这里已建成“团泊湖温泉酒店”、“天津大学仁爱学院”等多项公建设施，为天津市区及周边地区居民提供了一个良好的休闲度假旅游场所。由此再度形成良性循环局面，众多知名地产开发商纷纷进驻该区域，进行中高端住宅项目的开发。

譬如，坐落在东丽区的瑞典“宜家家居”已于2012年初开业。该项目同国内传统的家居卖场不同，注重的是 “体验式”消费购物模式。这里融合餐饮、购物、体验和儿童娱乐等多种消费功能，给人一种全方位享受。这里还配备大量的免费停车位，给自驾族带来极大的便利。其独特的、新鲜的商业消费特色为天津家居市场注入全新的商业模式，赢得了周边城区和市郊消费者的极大青睐。

上述最大的变化是，天津市区和市郊商业地产发展逐步趋于均衡，无论是物质上的还是精神上的，都给天津市民带来前所未有的变革。

17.4 天津郊区商业未来的发展方向

从整体市场开发角度分析，天津现有郊区商业地产的发展状况和空间的分布仍然不甚均衡，如武清区的大型现代商业项目大都集中在杨村、津南区大都集中在咸水沽镇，而西青区则大都集中在中北镇。

商业地产市场的开发如果过渡集中，必定导致天津远郊区县仍存在许多商业地产空白。虽然这些区域人口密度较低，商业发展相对落后，但是因其土地价格便宜，可为投资者降低项目开发成本。这些地区目前是商业的价值“洼地”，显然未来商业地产市场的发展空间更为广阔。

从商业地产项目开发水平角度分析，目前仍有不少只具备单一的购物功能的项目，这在消费需求追求个性化、多元化的今天，上述项目显然已经无法满足消费者的需求。建议在商业地产开发进程中通过引入品牌商户、租售结合等多元手段来提升物业品质，实现商业地产可持续发展。

从房地产整体开发角度分析，在当前天津市郊兴起大规模住宅开发的背景下，可以将郊区商业地产与住宅地产开发结合起来，使得两者相得益彰、比翼齐飞。特别是天津市郊区县及滨海新区拥有大量的旅游资源，郊区商业地产开发也可以依托休闲度假优势进行提升，最终拉动当地经济及现代服务业的迅速发展。

天津郊区及滨海新区部分商业项目举例　　表17-2

区域	项目名称	建筑规模(m^2)	物业形态	总体规划
宝坻区	天宝新都汇广场	46240	商业综合体	商业街主体3层、局部4层，以餐饮娱乐为主、融合中高端的一站式消费场所，辅以商超零售业
津南区	中心国际	35000	社区商业	包括1.8万m^2mall式购物中心、1.3万m^2精品时尚步行街、1万m^2大型综合超市、及0.2万m^2多功能次主力店
蓟县	驿麓天街	75063	社区商业	集以接待中心、特色购物、餐饮住宿、休闲娱乐、大型百货超市等区域稀缺业态为主；现已入驻麦当劳，沃尔玛，如家等知名品牌商户
滨海新区	天津极地海洋世界	42000	主题商业街	由14栋3层到顶建筑物组成打造成为高端品牌商业街，及高端百货、品牌专卖、餐饮娱乐、旅游购物为一体
滨海新区	SM滨海第一城	530000	超大型购物中心	SM集团在中国投资建设的旗舰项目，是全球单体纯商业面积最大的购物中心；将建设大型超市、高端百货、运动健身场所、文化主题公园、IMAX影院等设施

数据来源：天津中原数据库

城市 Market

楼事 Story

数据 Data

第 18 章 天津工业地产项目开发模式研究

天津中原投资顾问部　孙宇

18.1 多项优势助推工业地产快速发展

天津是中国近代工业的发源地和中国主要的综合轻工业基地之一。工业分类十分齐全，其中以电子、汽车、冶金、机械、化工、纺织、医药等行业为主，并有完备的产业服务体系。

在宏观层面，随着环渤海区域地位的上升和经济的持续增温，作为环渤海经济圈心脏的天津也越来越被各方所重视。近年来天津的经济总量、产业结构、消费与收入等方面均呈现出良好的增长，大量工业企业、物流投资企业、跨国企业及高科技企业开始进入天津，天津正在成为最具投资价值和投资潜力的工业地产市场之一。并且，天津工业土地价格、劳动力成本、生产资料购置成本等方面远比其他一线城市更为低廉。据统计，天津的上述几项成本总和较北京节省 30%~40%，因此产品价格相对具有明显优势。

现阶段，住宅和商业物业受限购及国家调控政策影响，利润空间不断下行。相比之下，工业地产项目因价格低廉、回报率高而得到青睐。目前天津的工业地产项目年平均收益率一般可以达到 8%~10%，有的甚至达到 15%。以泰达开发区为例：标准厂房每平米日租金为 0.85 元，单平方米售价 2700 元，平均年出租率 75%，这种情况下年收益率为 8.6%。利润空间相当可观。

以上种种优势，为天津工业地产快速发展壮大提供了良好的契机。

18.2 天津工业地产发展的 3 种模式

在中国，房地产企业进行工业地产开发时，常常遭遇以下几类问题：

第一，资金限制，持有工业地产项目需要有非常强的资金实力；第二，短期利润低，持有项目意味着在孵化期产生的利润现金流非常低，通常需要较长时期才能产生资金回报；第三，退出方式，在持有资产 5 年、10 年后，大多数公司均要进行资产变现，获利退出。如何顺利退出也是开发企业必须考虑的问题。以上三个问题导致中国企业开发工业地产无法享受利润更丰厚的增值收益。故现阶段发展较好的工业地产项目，均由政府背景或由有政府支持的企业主导，资金实力相对雄厚，同时也更有利于从当地经济发展角度，规划工业园区的发展。

在天津的工业地产开发中，有如下 3 种发展模式较为成功，其特征可分析归纳如下：

- 鑫茂模式：扶持成长、与企业共赢

鑫茂集团的工业园区主要面向以创业为主的中小企业为客户。在近 20 年的发展历程中，已经逐步形成了“置地 + 建房 + 招商 + 扶持 + 服务”的“鑫茂模式”。并首创 “楼宇化单元式工业厂房”的产品模式，同时拓展别墅型工业厂房、创意 SOHO、产业庄园等新型产品种类，以及独特的保姆式工业物业管理服务体系。

在业务格局上，鑫茂集团以科技园开发为主业，高科技产业、工程服务业为两翼，产业涉及科技园开发、光通信、风电、军工、IT 等 22 个行业。

其获利模式采用长投与短投相结合、产权入股与风险投资相结合、经营产品与经营企业家相结合、孵化企业与孵化产业相结合的“4 个结合”。各类型业务比例通常为 “6+2+2”（60% 出售、20% 出租、20% 合作经营）或“4+3+3”（40% 出售、30% 出租、30% 合作经营），以平衡短期与长期业绩。并通过合作经营，更好地与入园企业共同成长。

在园区运营上，鑫茂集团引入了孵化器功能。形成了三级孵化体系（即科研成果孵化，创业辅导孵化，企业规模孵化），实现三维孵化保障（知识孵化、市场孵化和资金孵化）特色的服务模式。这些措施让入园企业发展更为迅速，也使得园区的发展形成了良性循环。

鑫茂集团的这种与民营小企业“捆绑式发展”的模式已经产生了积极的效果。据“十一五”期间的不完全统计，鑫茂民营科技园孵化培育了“科技小巨人”企业 32 家；高新科技企业 64 家；年产值达 1000 万元以上企业 210 家，其中年产值 5000 万元以上企业 120 家，年产值上亿元企业 10 家；申报批准专利 520 项，其中发明专利 96 项；申报国家和市级科技立项 142 项，其中多个项目达到国内外领先水平；有 4 家企业准备在创业板上市。

现阶段，鑫茂集团的工业地产已经进入了面向全国的“软性扩张”阶段。预计未来有更多城市的中小企业将获利于鑫茂的工业发展模式。

■ 联东模式：二、三产业、一站式服务

联东模式的特点，可以归结为“两大产品线、五大专业产品”。其中两大产品线是指产业综合体和总部综合体。

产业综合体设立于一、二线城市远郊区，重点发展第二产业，包括高端制造业、研发中心和郊区性总部。而总部综合体则以一、二线城市的城市中心、副中心为主，重点发展以总部经济为核心的服务经济。总部综合体采用全新的工作生活模式，为企业客户提供的价值，包括独立的企业形象、成熟的总部办公氛围、绿色的园区环境以及完善的商务配套服务等。

五大产品线则包括总部办公、研发办公、标准厂房、产品定制、生活配套等 5 大专业产品的设计和建造。

联东模式的特点，就在于其能提供“一站式的服务体系”，包括手续代办、政策扶持、人力资源、统采统购 4 大增值平台，16 项服务，有效提高企业运营效率。

目前，联东集团已经在环渤海、长三角、珠三角等全国重要经济圈已投资开发了 10 大产业园区，吸引了包括宝马、DHL、李宁等国内外 700 多家知名企业入驻。作为工业地产开发企业，联东已经积累了丰富的企业客户资源。

■ 华夏模式：园区 + 地产、与政府共赢

华夏幸福基业在工业地产开发中，采取的方式是与地方政府签订排他性的委托开发协议，通过基础设施建设、土地整理、产业发展服务（招商引资）、园区综合服务和厂房建设租赁等获取收益。

在开发过程中，华夏幸福基业采用的是“园区 + 地产”的模式。此种模式除了能确保低成本获取土地外，还可以依靠其对政府的影响力不断在园区周边获取土地，并参与到城市综合体、酒店和旧城改造等种多种物业开发经营中。

这种模式，切合了市县级政府追求经济发展、增加财政收入的迫切要求。使得开发公司在工业园区开发过程中实现政府合作共盈的目标。尤其是在目前住宅、商业地产开发低迷的大环境下，公司仍可依靠土地一级开发和园区经营获得稳定回报。未来市场一旦好转，公司即可利用一级开发成本优势获取大量土地储备快速扩张。

经过多年积累，华夏幸福基业目前住宅土储建面储备（含潜在）已约达 1500 万 m^2，启动园区约 $43km^2$，战略规划园区规模超 $150km^2$。足以体现这种模式的优越性。

工业地产的发展壮大，可以为城市或区域带来稳定的经济增长来源，从这个角度看，工业地产开发不仅是房地产开发，也是城市或区域经济发展的基础。

对于小型甚至微型的技术企业，鑫茂模式为其提供了良好的企业成长环境，从只有技术，到孵化成完善的科技型企业，鑫茂为科技型民营企业的初期发展提供了必要的孵化支持。

对于已经具有一定规模的科技或制造型公司，联东模式可以为其提供“量身定制”的办公环境，并对企业发展提供有利的政策及服务。

而华夏基业模式的优势在于，在开发过程中，开发商融入的“城市”概念，不仅为企业提供工作环境，还在园区外进行住宅及地产开发，让其成为一座“产业城市”。在城市中心开发过度的情况下，这种布局在郊区或二、三线城市的“卫星城”也将成为城市的一大组成部分。

18.3 工业地产发展的未来前景

现阶段，天津工业地产主要以发展楼宇经济为主。其中，城市中心的工业用地以产业园区（商贸园、物流园、总部基地等）形式出现，与此同时，以工业厂房为代表的传统工业项目也同样有较大的市场需求量。

未来的天津工业用地将逐渐向外围扩散，形成“卫星”城市，带动城市产业经济的发展。如：天津市区向武清以及河北省扩散；滨海新区主要向港区（临港工业区）迁移。

目前在天津，已经有融侨集团、万顺地产、海泰地产、复地、高银地产等众多知名地产发展商在产业园区内发展。可以预测，随着天津市工业、产业的快速发展，市场需求的增加以及发展政策的支持，未来工业地产及产业地产发展前景非常广阔。

数据
Data
京津

第 19 章 北京地产数据

19.1 房地产投资环境

北京市历年房地产市场主要指标表（2011—2012 年上半年） 表 19-1

指标	2011 年	2012 年上半年
GDP（亿元）	13777.90	8348.60
GDP 增长率 (%)	10.20	7.20
固定资产投资额（亿元）	5493.50	2625.10
房地产投资额 (亿元)	2901.07	1283.18
住宅投资额 (亿元)	1508.95	655.60
写字楼投资额 (亿元)	259.10	140.53
商铺投资额 (亿元)	336.29	114.60
商品房施工面积 (万 m^2)	10300.86	11020.67
住宅施工面积 (万 m^2)	6176.02	6511.37
写字楼施工面积 (万 m^2)	1054.84	1298.39
商铺施工面积 (万 m^2)	1229.33	1038.30
商品房新开工面积 (万 m^2)	2974.24	1461.00
住宅新开工面积 (万 m^2)	2063.40	775.60
写字楼新开工面积 (万 m^2)	203.29	169.02
商铺新开工面积 (万 m^2)	242.42	158.98
商品房竣工面积 (万 m^2)	2386.71	568.75
住宅竣工面积 (万 m^2)	1498.48	379.52
写字楼竣工面积 (万 m^2)	198.42	44.80
商铺竣工面积 (万 m^2)	271.92	55.51
商品房销售额 (亿元)	2915.36	1077.81
住宅销售额 (亿元)	2060.52	812.31
写字楼销售额 (亿元)	487.32	152.02
商铺销售额 (亿元)	318.99	100.22
商品房销售面积 (万 m^2)	1639.53	620.87
住宅销售面积 (万 m^2)	1201.39	479.44
写字楼销售面积 (万 m^2)	208.15	64.72
商铺销售面积 (万 m^2)	142.07	50.57

数据来源：北京市统计局

北京市主要房地产政策一览表（2011—2012 年上半年）　表 19-2

政策名称	颁布日期	实施日期	发布单位	政策主要内容及对市场的影响
1. 土地市场政策				
国土资源部关于做好 2012 年房地产用地管理和调控重点工作的通知	2012-02-22	2012-02-22	国土资源部	2012 年住房用地供应计划；计划总量原则上应不低于过去 5 年年均实际供应量，其中保障性住房、棚户区改造住房和中小套型普通商品住房用地不低于总量的 70%；确保保障性安居工程住房用地；因地制宜，合理增加普通商品住房用地，严格控制高档住宅用地，不得以任何形式安排别墅类用地
北京市 2011—2015 年国有建设用地供应计划	2012-02	2012-02	北京市国土资源局	2011-2015 年国有建设用地供应总量控制在 28000hm^2 左右
北京市 2012 年度国有建设用地供应计划的通知	2012-03-30	2012-03-30	北京市国土资源局、北京市发展和改革委员会、北京市规划委员会	今年土地计划供应总量为 5700hm^2，其中交通运输用地 1100hm^2，水域及水利设施用地 80hm^2，特殊用地 170hm^2，公共管理与公共服务用地 1200hm^2，工矿仓储用地 1100hm^2，住宅用地 1700hm^2，商服用地 350hm^2
2. 房地产金融政策				
关于调整住房公积金存贷款利率的通知	2011-02-09	2011-02-09	北京住房公积金管理中心	5 年以上公积金贷款利率上调 0.2 个百分点，较商贷上浮幅度较小
关于调整“二套住房”住房公积金个人贷款首付款比例的通知	2011-02-17	2011-02-18	北京住房公积金管理中心	自 2011 年 2 月 18 日（含）起，借款申请人购买“二套住房”申请住房公积金个人贷款（含个人住房组合贷款），其贷款首付款比例不得低于 60%，贷款利率为同期首套住房个人贷款利率的 1.1 倍
关于确定 2011 住房公积金年度月缴存额上限的通知	2011-05-10	2011-05-10	北京住房公积金管理中心	根据北京市统计局公布的 2010 年全市职工年平均工资 50415 元，计算 2010 年全市职工月均工资应为 4201.25 元。按照《关于 2011 住房公积金年度住房公积金缴存有关问题的通知》（京房公积金管委会［2011］1 号）中关于住房公积金月缴存额上限的计算公式，个人缴存部分：4201.25×300%×12% ＝ 1512.45 元（确定为 1513 元）；单位缴存部分：4201.25×300%×12% ＝ 1512.45 元（确定为 1513 元）。2011 住房公积金年度住房公积金月缴存额上限定为 3026 元
中国人民银行决定下调金融机构人民币存款准备金率 0.5 个百分点	2011-11-30	2011-12-05	中国人民银行	中国人民银行决定，从 2011 年 12 月 5 日起，下调存款类金融机构人民币存款准备金率 0.5 个百分点
中国人民银行决定下调金融机构人民币存款准备金率 0.5 个百分点	2012-02-18	2012-02-24	中国人民银行	中国人民银行决定，从 2012 年 2 月 24 日起，下调存款类金融机构人民币存款准备金率 0.5 个百分点。这是今年以来存准率的首次下调，将向金融系统释放资金 4000 亿元左右，对楼市具有积极的提振作用
中国人民银行决定下调金融机构人民币存款准备金率 0.5 个百分点	2012-05-12	2012-05-18	中国人民银行	中国人民银行决定，从 2012 年 5 月 18 日起，下调存款类金融机构人民币存款准备金率 0.5 个百分点

续表

政策名称	颁布日期	实施日期	发布单位	政策主要内容及对市场的影响
中国人民银行决定下调金融机构人民币存贷款基准利率并调整利率浮动区间	2012-06-07	2012-06-08	中国人民银行	1.3 年半以来首次，下调存贷款基准利率； 2. 规定金融机构存款利率上限和贷款利率下限
关于调整住房公积金存贷款利率的通知	2012-06-08	2012-06-08	中华人民共和国住房和城乡建设部	从 2012 年 6 月 8 日起，下调个人住房公积金贷款利率；5 年期以上个人住房公积金贷款利率下调 0.20 个百分点，由 4.90% 下调至 4.70%
中国人民银行决定下调金融机构人民币存贷款基准利率	2012-07-05	2012-07-06	中国人民银行	中国人民银行决定，自 2012 年 7 月 6 日起下调金融机构人民币存贷款基准利率。金融机构一年期存款基准利率下调 0.25 个百分点，一年期贷款基准利率下调 0.31 个百分点；其他各档次存贷款基准利率及个人住房公积金存贷款利率相应调整
3. 房地产市场管理相关政策				
《关于贯彻国办发 [2011]1 号文件精神进一步加强本市房地产市场调控工作的通知》京版“国八条”	2011-02-16	2011-02-17	北京市人民政府办公厅	自 2011 年 2 月 17 日起，对已拥有 1 套住房的本市户籍居民家庭（含驻京部队现役军人和现役武警家庭、持有有效《北京市工作居住证》的家庭，下同）、持有本市有效暂住证在本市没有住房且连续 5 年（含）以上在本市缴纳社会保险或个人所得税的非本市户籍居民家庭，“限购”1 套住房（含新建商品住房和二手住房）；对已拥有 2 套及以上住房的本市户籍居民家庭、拥有 1 套及以上住房的非本市户籍居民家庭、无法提供本市有效暂住证和连续 5 年（含）以上在本市缴纳社会保险或个人所得税缴纳证明的非本市户籍居民家庭，暂停在本市向其售房
关于公布本市 2011 年度新建住房价格控制目标的通知	2011-03-29	2011-03-29	北京市人民政府办公厅	确定了北京市 2011 年房价调控目标：稳中有降；这一定死的目标背后将是持续、坚决跟进的调控具体措施，不论用什么办法，2011 年底房价下降将是不争的事实，这对消费者购房的预期和行动会产生根本性的影响
关于印发《北京市〈商品房销售明码标价规定〉实施细则》的通知	2011-04 -26	2011-05-01	北京市发展改革委员会	商品房经营者应在商品房交易场所的醒目位置放置标价牌、价目表和价格手册，规定了更详细的公示内容，从而使得北京的操作更加具体，也方便政府监管部门进行检查和处罚。为规范操作奠定了良好的基础
关于开展存量房交易服务平台试点工作的通知	2011-06-08	2011-07-01	北京市住建委	在海淀区率先试点，开始向二手房买卖的居民无偿提供信息发布、房源核验、房源状态查询、网上签约、资金监管等一站式服务，切实保证房源真实有效、交易资金安全交割
关于进一步加强《北京市工作居住证》核验工作的通知	2012-05-16	2012-05-16	北京市住房城乡建设委	1. 市人力社保局对《北京市工作居住证》的真实性、有效性进行核验，并将核验结果反馈市住房城乡建设委；对于未能通过核验的申请家庭，不予办理购房手续 2. 经核验发现伪造《北京市工作居住证》行为的，2 年内本市不得向其销售住房 3. 对于经核验发现伪造《北京市工作居住证》的当事人由区县人力社保局记入黑名单，今后不予办理《北京市工作居住证》

续表

政策名称	颁布日期	实施日期	发布单位	政策主要内容及对市场的影响
4. 房地产税收政策				
关于进一步加强房地产市场调控有关税收问题的公告	2011-03-25	2011-03-26	北京市地方税务局、北京市住房和城乡建设委员会	1. 差别化土地增值税预征率 房地产开发企业按照政策规定销售各类保障性住房取得的收入，暂不预征土地增值税房地产开发企业销售新办理预售许可和现房销售确认的商品房取得的收入，按照预计增值率实行 2% 至 5% 的幅度预征率 容积率小于 1.0 的房地产开发项目，最低按照销售收入的 3% 预征土地增值税 2. 个人转让自用 5 年以上、并且是家庭唯一生活用房的，享受免征个人所得税政策的，应向主管税务机关申报售房人及家庭成员情况有控有保的差别化政策，体现政策的人性化和严肃性，是巩固我市房地产市场调控成果，促进房地产市场健康发展的举措
关于加强存量房交易税收征管工作的通知	2011-11-25	2011-11-25	北京市财政局 北京市地方税务局 北京市住房和城乡建设委员会	存量房交易双方当事人应当在申请权属转移登记前，遵循依法、自愿、公平、诚信原则，进行存量房买卖合同网上签约并如实申报房屋成交价格；新政策减少了之前阴阳合同量及避税的差额
关于公布本市享受优惠政策普通住房平均交易价格的通知	2011-11-25	2011-12-10	北京市住建委	自 2011 年 12 月 10 日起，本市享受优惠政策普通住房平均交易价格调整为按照全市住房平均交易价格结合区位调整系数确定；其中，全市住房平均交易价格为 2010 年成交均价每平方米建筑面积 18000 元，区位调整系数按照《北京市享受优惠政策普通住房平均交易价格区位调整系数表》确定
5. 房地产工程建设相关政策				
关于完善建设方案管理工作的通知	2011-05-05	2011-05-16	北京市住建委	房地产开发企业编制的建设方案中，应当按照《北京市物业管理办法》明确物业管理区域的范围。即在建设方案阶段就将今后的物业管理相关内容考虑进去，保证物业交付后的管理更加顺畅
6. 保障住房相关政策				
国家发展改革委办公厅关于利用债券融资支持保障性住房建设有关问题的通知	2011-06-09	2011-06-09	国家发展改革委办公厅	从最高级别的领导指示出发引导更多社会资金参与保障性住房建设，国家通过各种渠道、方式给予企业筹资的指导，希望能就此拓宽企业融资渠道，助推并加速保障性住房的建设步伐
关于贯彻国务院办公厅保障性安居工程建设和管理指导意见的实施意见	2012-01-13	2012-02-01	北京市住房和城乡建设委	严格公共租赁住房建设标准，单套建筑面积以 $40m^2$ 左右的小户型为主，满足基本居住需求。按照“市场定价、分档补贴、租补分离”原则，同时，建立市场化的建设和运营管理队伍，完善退出机制
关于切实做好 2012 年保障性安居工程财政资金安排等相关工作的通知	2012-01-18	2012-02-06	财政部	拓宽资金来源渠道，加大保障性安居工程投入力度；在认真落实保障性安居工程现有资金来源基础上，要进一步采取措施，拓宽资金渠道
关于印发《北京市“十二五”时期住房保障规划》的通知	2012-01-29	2012-01-29	北京市住房和城乡建设委员会	“十二五”时期建设、收购各类保障性住房 100 万套，其中公开配租配售 50 万套，首都功能核心区人口疏解、棚户区改造等定向安置住房 50 万套；发放租金补贴家庭 10 万户。竣工各类保障性住房 70 万套；对符合保障条件的申请家庭努力做到“应保尽保”
关于做好 2012 年城镇保障性安居工程工作的通知	2012-03-14	2012-03-22	住房和城乡建设部	列入年度建设计划的开工项目、基本建成（竣工）项目，由各省（区、市）住房城乡建设（住房保障）部门负责建立年度建设计划项目库，并于 2012 年 6 月 15 日前报住房城乡建设部备案

续表

政策名称	颁布日期	实施日期	发布单位	政策主要内容及对市场的影响
关于做好2012年城镇保障性安居工程工作的通知	2012-03-14	2012-03-22	住房和城乡建设部	列入年度建设计划的开工项目、基本建成（竣工）项目，由各省（区、市）住房城乡建设（住房保障）部门负责建立年度建设计划项目库，并于2012年6月15日前报住房城乡建设部备案
关于公共租赁住房租金补贴对象及租金补贴标准有关问题的通知	2012-04-27	2012-06-01	北京市住房城乡建设委	1. 申请条件：人均月收入不超2400元 2. 补贴标准：非廉租户最高月补50% 3. 租金价格：保持3年不变 4. 发放管理：补贴每月20日前到账 5. 年度复核："未变动"也将抽查 6. 骗补处理：5年内无缘保障房
关于加强保障性住房使用监督管理的意见（试行）	2012-05-16	2012-05-16	北京市人民政府	1. 本意见所指的保障性住房是自2007年以来建设的出租型保障性住房（包括公共租赁住房、廉租住房）和出售型保障性住房（包括经济适用住房、限价商品住房） 2. 按照"谁持有、谁管理"的原则，出租型保障性住房的使用监督管理工作由房屋产权单位负责。 3. 按照"谁分配、谁管理"原则，出售型保障性住房的使用监督管理工作由购买保障性住房家庭原申请所在地区县住房保障管理部门负责。 4. 对于违规代理保障性住房的出租（转租）、出售业务的房地产经纪机构，由区县政府组织区县住房保障管理行政执法机构依法处理
公共租赁住房管理办法	2012-06-12	2012-07-15	中华人民共和国住房和城乡建设部	对公共租赁住房的申请条件、运营监管、退出机制等作出明确规定；同时明确，公共租赁住房可以通过新建、改建、收购、长期租赁等多种方式筹集，可以由政府投资，也可以由政府提供政策支持、社会力量投资

资料来源：北京中原市场研究部

19.2 土地市场

北京市历年土地出让主要指标表（2011—2012年上半年）

表 19-3

	土地公告情况			土地成交情况			
	宗数	占地面积（万 m^2）	建筑面积（万 m^2）	宗数	占地面积（万 m^2）	建筑面积（万 m^2）	土地出让金额（亿元）
2011年	274	1605.89	2810.85	242	1365.14	2265.72	1035.18
2012年上半年	57	260.47	478.52	70	291.86	513.10	93.97

数据来源：北京中原市场研究部

北京市土地规划（2012年）

表 19-4

住房建设用地供应总量（hm^2）	限价商品房（hm^2）	经济适用房（hm^2）	廉租房（hm^2）	定向安置房（hm^2）	商品住房用地（万 m^2）
1700	240	160	450	850	94.1

数据来源：北京中原市场研究部

图 19-1 北京市可建面积前 10 名的房企入驻分布图（2011—2012 年上半年）

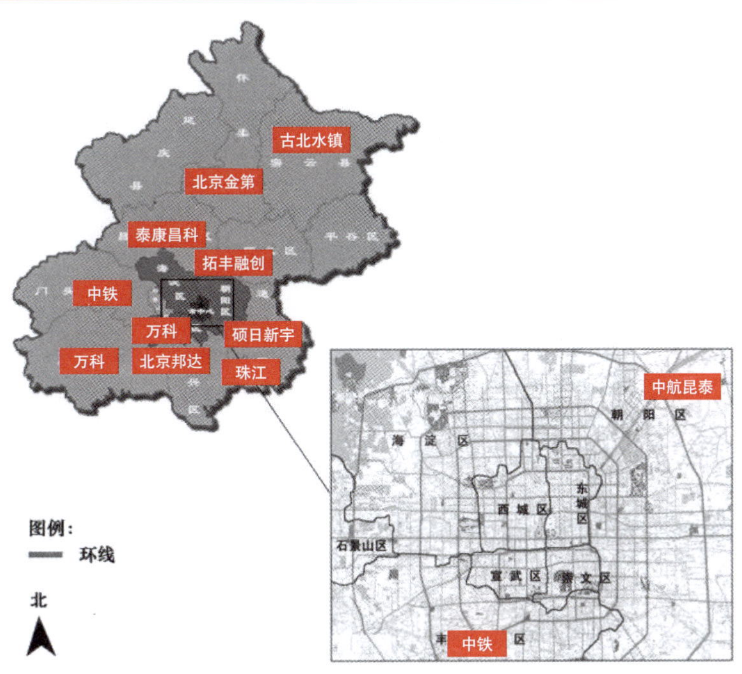

排名	开发商	区域	用地性质	地块面积 (hm^2)	可建面积 (万 m^2)	总价 (亿元)	楼面地价 (元 /m^2)	日期
1	北京万科	丰台区花乡郭公庄	居住	30.73	62.92	33.51	5326	2011-09-16
		大兴区旧宫镇	居住	9.45	17.32	17.05	9844	2011-09-01
		房山区长阳镇	居住	10.50	15.69	7.34	4678	2011-08-30
		丰台区花乡郭公庄	居住	1.98	3.61	3.24	8975	2011-08-25
2	中航昆泰联合体	朝阳区崔各庄乡大望京村	商业金融	30.55	39.19	30.41	7760	2011-04-15
3	中铁	门头沟区永定镇	居住	19.19	38.00	22.23	5850	2011-09-21
		丰台区花乡四合庄	商业金融	7.41	17.04	10.23	6001	2011-01-27
		丰台区花乡四合庄	商业金融	5.45	15.20	9.98	6565	2011-01-27
4	北京古北水镇旅游有限公司	密云县古北口镇司马台村	旅游	47.84	32.36	2.59	801	2011-08-11
5	泰康、昌科航星联合体	昌平区南邵镇	居住	17.25	30.86	16.00	5185	2011-12-16
6	北京邦达	大兴区黄村镇	商业金融	19.34	30.62	9.95	3249	2011-02-23
7	北京金第	怀柔区杨宋镇	商业金融	27.47	30.31	6.53	2154	2011-01-24
		大兴区旧宫镇	居住	9.45	17.32	17.05	9844	2011-09-01
8	北京珠江	通州区马驹桥镇	多功能	20.15	29.44	8.70	2955	2011-08-18
9	硕日新宇	通州区台湖镇	居住	15.97	28.77	8.24	2864	2011-09-30
10	拓丰融创联合体	朝阳区来广营乡	居住	22.54	28.38	30.67	10807	2011-12-16

数据来源：北京中原市场研究部

备注：大兴区旧宫镇 * 该地块为北京万科企业有限公司和北京金第房地产开发有限责任公司联合体取得

图 19-2 北京市 10 大热点地块（2011—2012 年上半年）

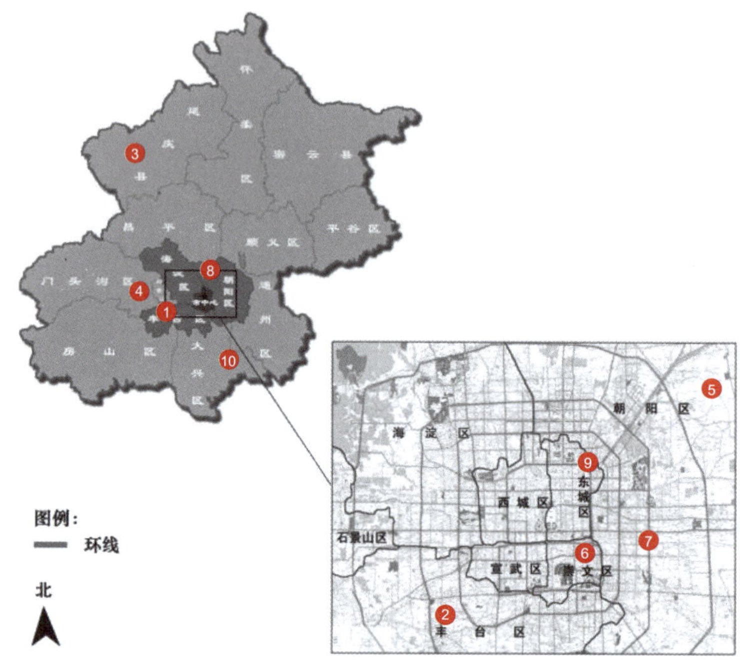

	地块名称	关注点	关注信息	开发商
1	丰台区郭公庄车辆段项目五期 1518-632 地块 U2 交通设施用地兼容居住、公建	2011 年总价最高、占地面积及建筑面积最大的居住用地	成交总价：33.51 亿元 占地面积：30.73 万 m^2 建筑面积：62.92 万 m^2	北京万科企业有限公司、北京市基础设施投资有限公司和北京京投置地房地产有限公司联合体
2	丰台区卢沟桥乡居住项目	2011 年楼面地价最高的居住用地	楼面地价：15220 元 / m^2	北京京大昆仑房地产开发有限公司和北京振兴亚北土地开发有限公司联合体
3	北京市延庆县三里河路西侧、自由街村住宅楼及商业配套用地	2011 年溢价率最高的居住用地	溢价率：71.43%	北京龙庆房地产开发有限公司与北京九燕龙房地产开发有限公司联合体
4	北京市“中低价位、中小套型普通商品房”门头沟永定镇居住及 F1 住宅混合公建项目	2011 年北京首宗“限地价、竞房价”居住用地	成交总价：22.23 亿元 楼面地价：5850 元 / m^2	中铁房地产集团有限公司
5	朝阳区崔各庄乡大望京村环境整治土地储备项目 2 号地	2011 年占地面积最大的商办用地	占地面积：30.55 万 m^2	北京昆泰房地产开发集团、中航投资控股有限公司与北京融侨置业有限公司投标联合体
6	东城区崇文菜市场（含西侧地）商业金融用地	2011 年溢价率最高的商办用地	溢价率：139.86%	广州市丰　房地产开发有限公司
7	北京市朝阳区东三环北京商务中心区（CBD）核心区 Z10 地块	2011 年总价最高的商办用地	成交总价：34.5 亿元	北大方正集团有限公司、联通租赁集团有限公司、安邦财产保险股份有限公司和中国中信集团公司投标联合体
8	朝阳区来广营乡土地储备项目 A4 和 B4 地块二类居住用地	2012 年上半年总价最高的居住用地	成交总价：23.7 亿元	招商局地产（北京）有限公司和大连盈致企业管理有限公司竞买联合体
9	北京市东城区香河园 3 号居住及商业金融用地项目	2012 年上半年溢价率及楼面地价最高的居住用地	溢价率：43.05% 楼面地价：25749 元 / m^2	南昌市政公用投资控股有限责任公司
10	北京市大兴区采育镇区四号地 01-0001A、01-0001B 地块住宅混合公建用地、二类居住用地项目	2012 年建筑面积最大的居住用地	建筑面积：25.06 万 m^2	北京丽富房地产开发有限公司

资料来源：北京中原市场研究部

图 19-3 北京市居住用地量价分布图（2011 年）

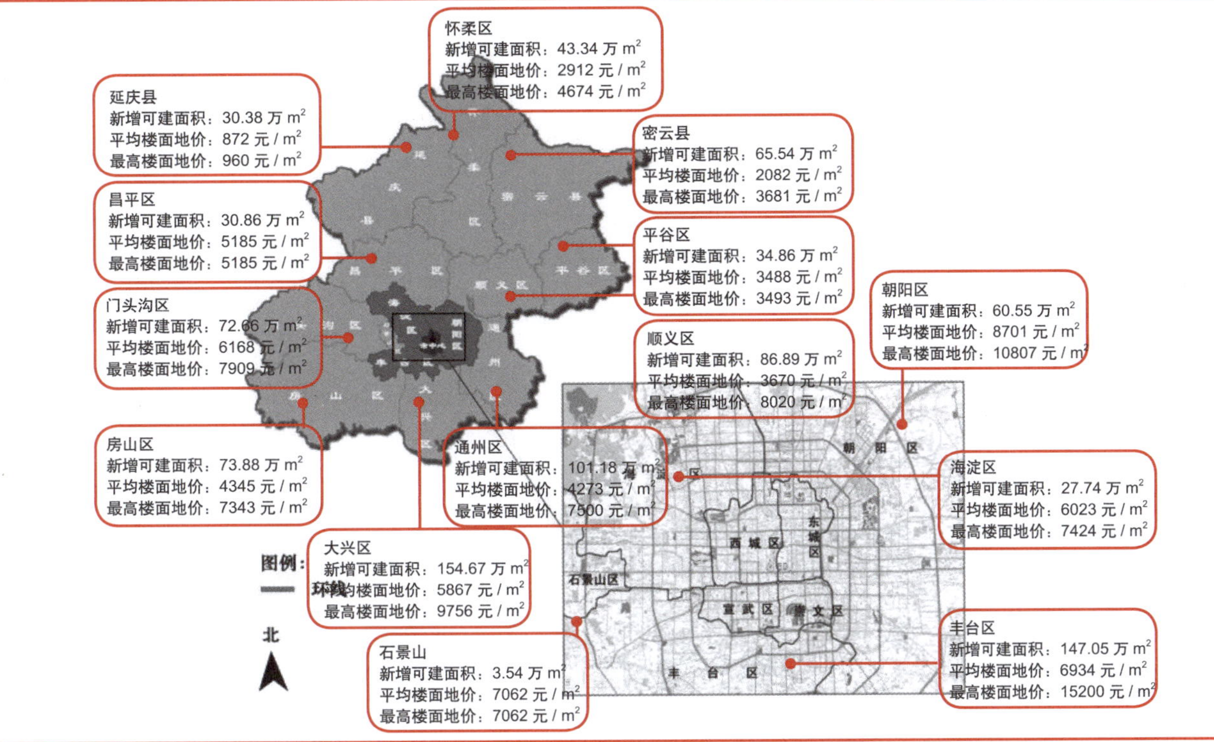

资料来源：北京中原市场研究部

图 19-4 北京市居住用地量价分布图（2012 年上半年）

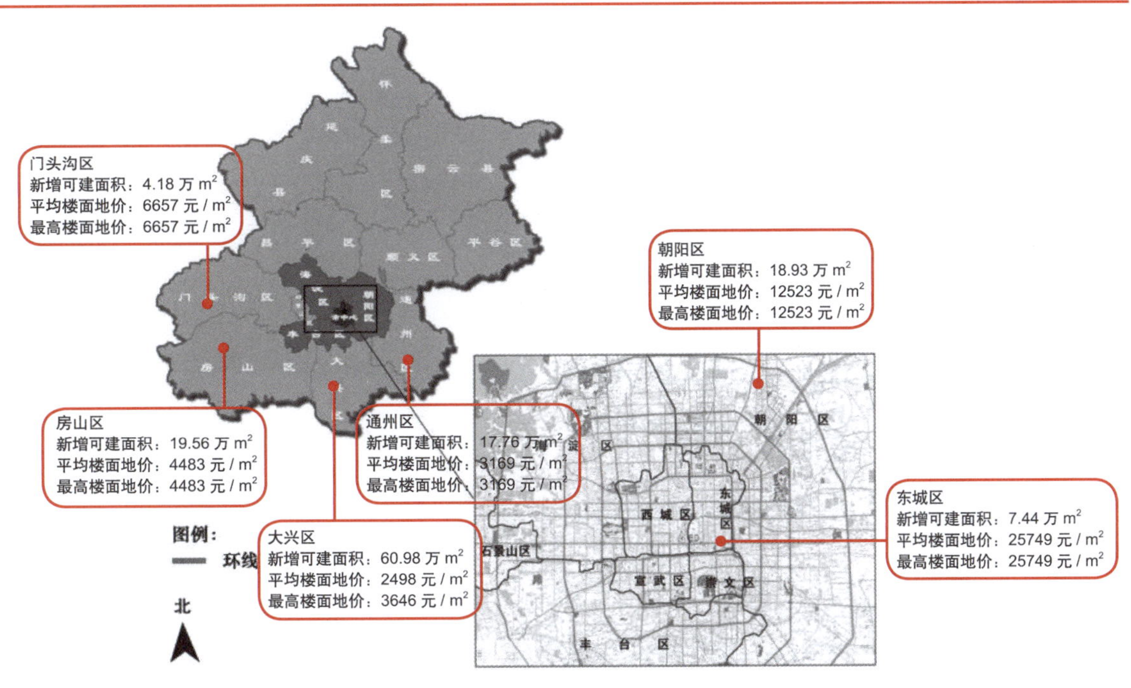

资料来源：北京中原市场研究部

19.3 住宅市场

北京市历年商品住宅市场主要指标表（2011—2012 年上半年）

表 19-5

时间	商品住宅市场			二手住宅市场	
	批准预售面积（万 m²）	预售登记面积（万 m²）	销售额（亿元）	销售面积（万 m²）	销售金额（亿元）
2011 年	812.72	547.22	1226.99	1143.89	2718.17
2012 年上半年	289.49	333.62	683.31	483.52	1072.75

数据来源：北京中原市场研究部

北京市商品住宅供需情况表（2011—2012 年上半年）

表 19-6

区域		新增面积（万m²）	销售情况			
			销售套数（套）	销售面积（万m²）	成交金额（亿元）	成交均价（元/m²）
中心区	东城区	0.00	251	5.40	29.26	54168
	西城区	12.79	862	9.91	37.16	37509
	崇文区	0.00	0	0.00	0.00	—
	宣武区	0.83	321	4.15	13.96	33631
次中心区	朝阳区	194.92	12132	169.10	568.01	33591
	海淀区	53.23	2565	41.46	147.84	35659
	丰台区	70.05	3258	43.20	122.62	28382
	石景山区	4.37	681	7.72	16.16	20926
城市边缘区	通州区	100.54	6909	69.59	124.21	17850
	房山区	117.13	11303	107.10	152.35	14226
	顺义区	71.57	4648	73.84	120.98	16383
	大兴区	160.37	13298	151.85	272.66	17956
	门头沟区	30.36	269	4.33	9.76	22560
	怀柔区	33.42	1684	21.81	26.31	12066
	密云区	74.41	4828	47.95	40.53	8454
	昌平区	160.29	8185	107.87	217.29	20144
	延庆区	17.93	1414	13.27	9.69	7299
	平谷区	0.00	192	2.30	1.50	6512

数据来源：北京中原市场研究部

图 19-5 北京市新建住宅售价前 10 名楼盘分布图（2011 年）

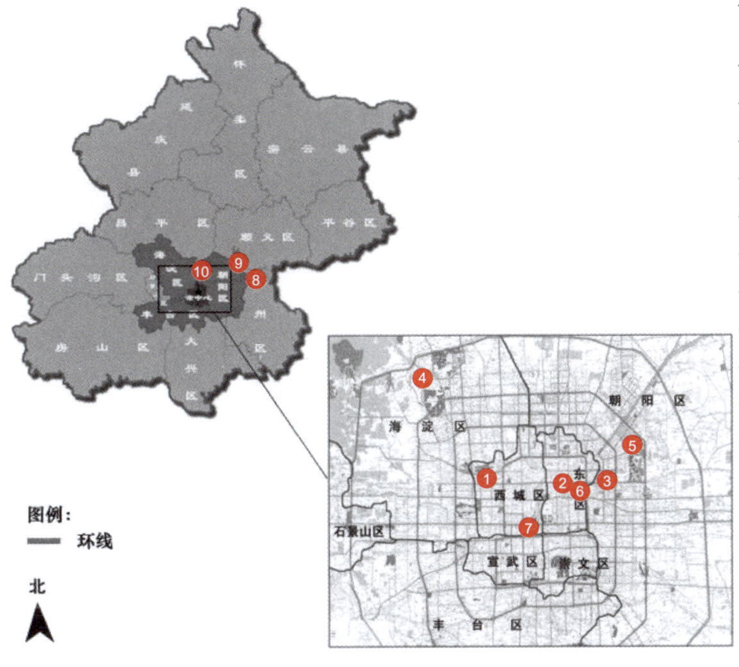

排名	楼盘名称	建筑面积（万 m²）	2011 年均价（元 /m²）
1	钓鱼台七号院	4.3	113101
2	霞公府	2.7	108279
3	圣世一品阁	11.6	87264
4	颐和原著	12.0	86706
5	合生 • 霄云路 8 号	70.0	84231
6	长安太和	6.8	83596
7	西单 • 上国阙	2.5	81061
8	运河岸上的院子	34.2	68168
9	远洋 •LA VIE	32.0	67067
10	盘古大观	41.8	62741

资料来源：北京中原市场研究部

图 19-6 北京市新建住宅售价前 10 名楼盘分布图（2012 年上半年）

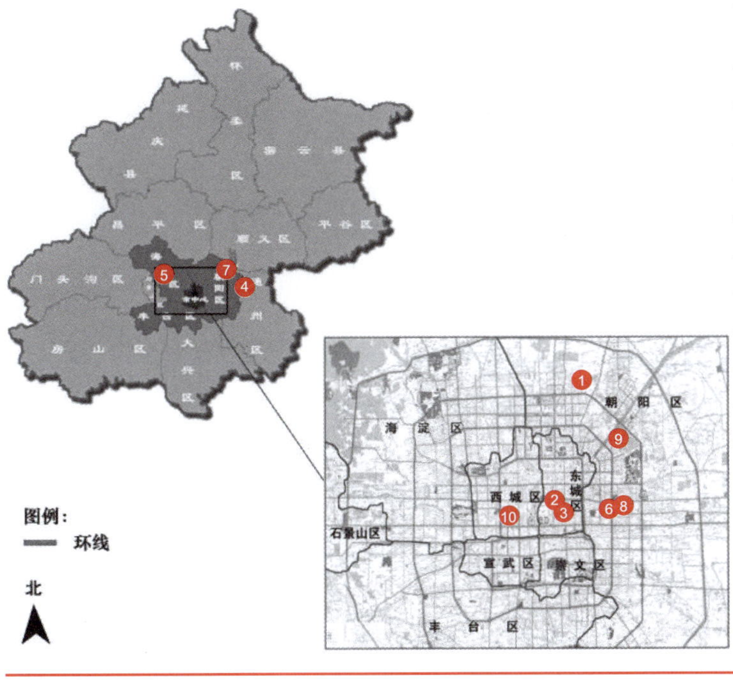

排名	楼盘名称	建筑面积（万 m²）	2012 年上半年均价（元 /m²）
1	碧海方舟	7.7	101037
2	霞公府	2.7	100485
3	长安太和	6.8	97916
4	运河岸上的院子	34.2	91356
5	紫玉山庄	14.6	90448
6	北京财富中心	72.0	68955
7	远洋 •LA VIE	32.0	64620
8	首创 • 禧瑞都	18.6	63842
9	合生 • 霄云路 8 号	70.0	63407
10	建邦 • 礼仕阁	1.6	59450

资料来源：北京中原市场研究部

图 19-7 北京市新建住宅销售面积前 10 名楼盘分布图（2011 年）

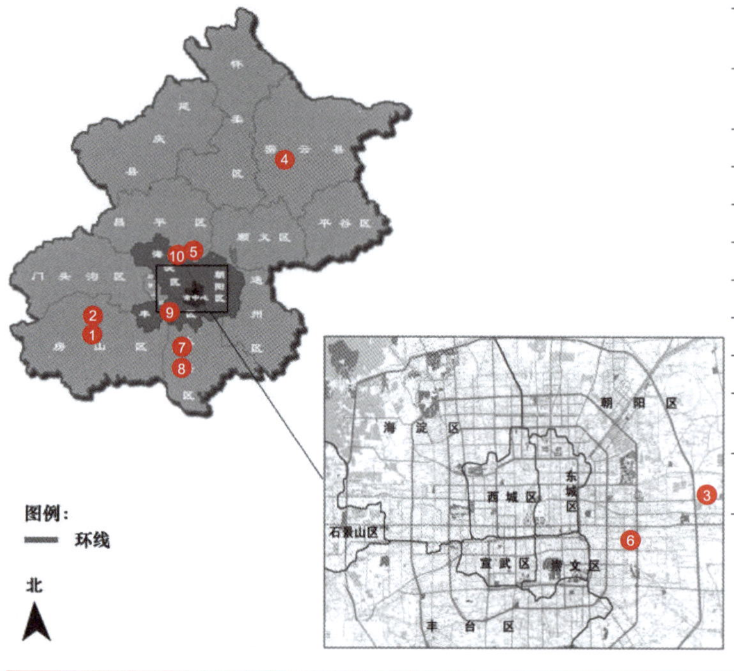

排名	楼盘名称	2011 年销售面积（万 m^2）	2011 年均价（元 /m^2）
1	中国铁建・长阳国际城	21.3	12500
2	中粮万科长阳半岛	19.8	16253
3	远洋一方	14.4	20242
4	保利花园	12.6	8615
5	首开国风美唐	10.4	15650
6	金茂府	9.9	44088
7	金地仰山	8.2	20156
8	首邑溪谷	7.9	25914
9	中海九号公馆・御龙府	7.9	33728
10	住总万科・金域华府	7.7	23126

资料来源：北京中原市场研究部

图 19-8 北京市新建住宅销售面积前 10 名楼盘分布图（2012 年上半年）

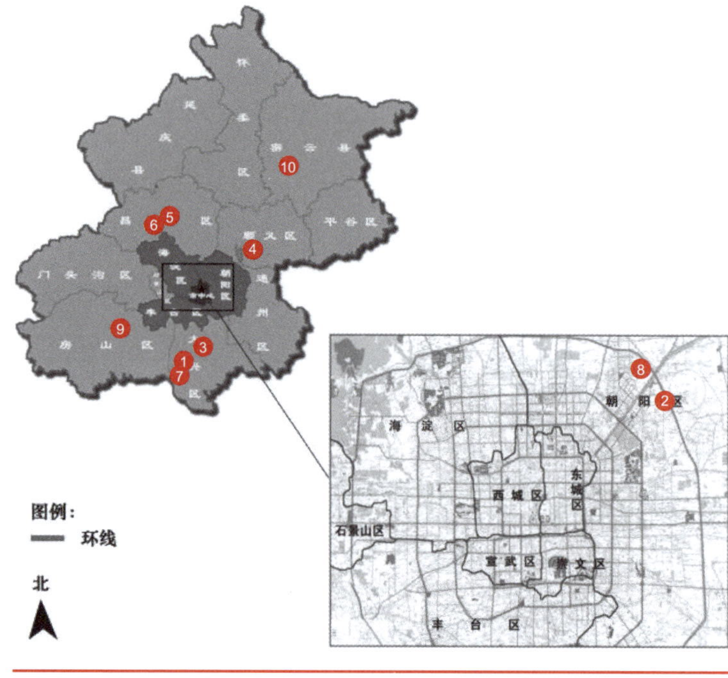

排名	楼盘名称	2012 年上半年销售面积（万 m^2）	2012 年上半年均价（元 /m^2）
1	龙湖时代天街	9.0	12355
2	首开・常青藤	8.0	19539
3	鸿坤理想城	8.0	18450
4	鲁能 7 号院	7.1	11847
5	中海尚湖世家	6.8	18206
6	保利・罗兰香谷	5.8	15897
7	富力丹麦小镇	5.8	10884
8	保利中央公园	5.4	39652
9	中粮万科长阳半岛	5.1	15236
10	绿地・国际花都	5.0	9020

资料来源：北京中原市场研究部

图 19-9 北京市新建住宅 10 大热点楼盘分布图（2011—2012 年上半年）

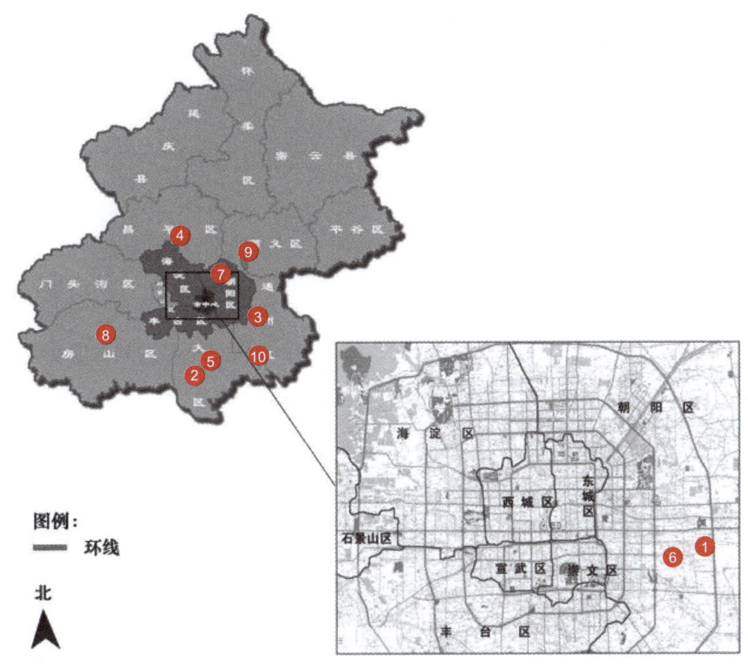

排名	楼盘名称	关注点	建筑面积（万 m^2）	最近一次开盘均价（元 /m^2）
1	金茂府	地王，升值潜力大	28.0	55000
2	龙湖时代天街	性价比高，低价，销售快	65.0	12500
3	东方华业玫瑰	性价比高，低价	101.0	14500
4	保利罗兰香谷	性价比高	15.0	17000
5	鸿坤理想城	降价，区位好	37.0	21400
6	首城国际中心	性价比高，区位好	60.0	38800
7	北京城建 • 世华泊郡	性价比高，升值潜力大	40.0	25000
8	北京城建 • 徜徉集	性价比高，升值潜力大	36.0	15000
9	鲁能 7 号院 • 溪园	低价，销售快	24.7	11500
10	首开国风美仑	低价，销售快	29.7	12500

资料来源：北京中原市场研究部

图 19-10 北京市二手住宅价格涨幅前 10 名楼盘分布图（2011—2012 年上半年）

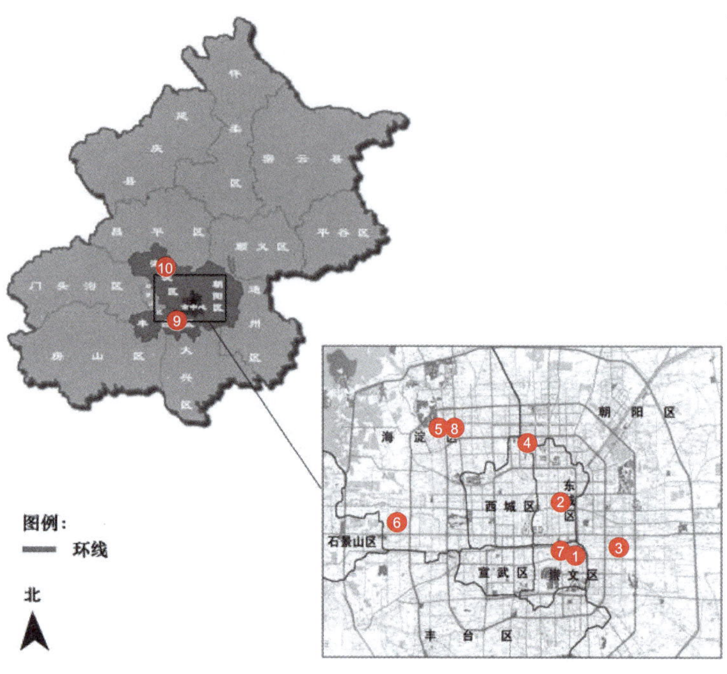

排名	楼盘名称	目前在售单价（万 m^2）	价格涨幅（%）
1	富贵园	32570	7.9
2	禾风相府	47534	7.3
3	苹果社区	33704	4.4
4	阳光丽景	43100	4.0
5	光大水墨风景	53500	3.8
6	乐府江南	30500	3.0
7	新裕家园	37368	2.8
8	蜂鸟家园	41600	2.8
9	名都家苑	23393	2.1
10	上地东里	32538	1.8

资料来源：北京中原市场研究部

图 19-11 北京市二手住宅租金涨幅前 10 名楼盘分布图（2011—2012 年上半年）

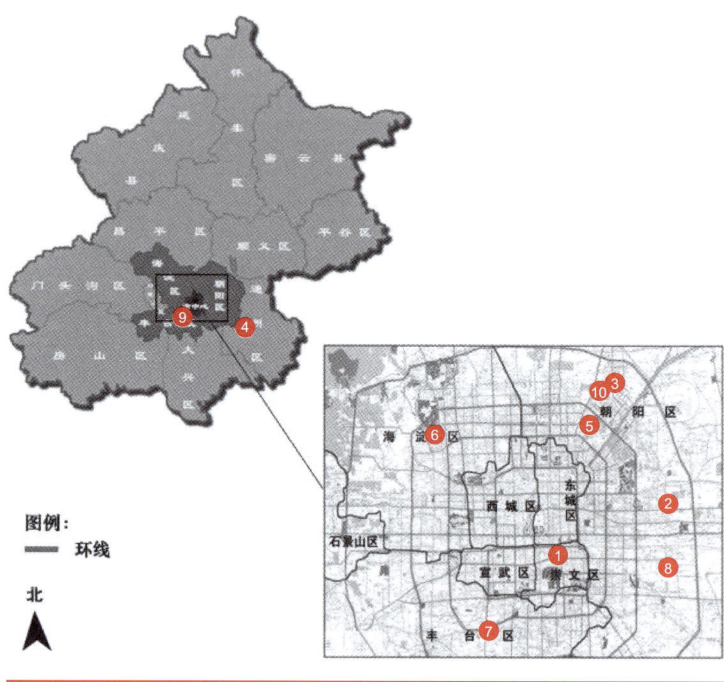

排名	楼盘名称	目前租金（元 /m^2• 月）	价格涨幅（%）
1	新怡家园	86	7.3
2	逸翠园	60	5.2
3	望京西园	55	4.5
4	幸福时光	25	4.5
5	太阳星城	77	3.9
6	万泉新新家园	82	3.7
7	三环新城	33	3.5
8	珠江帝景	62	3.1
9	星河城	44	2.9
10	季景 . 沁园	58	2.4

资料来源：北京中原市场研究部

图 19-12 北京市二手住宅租金回报率前 10 名楼盘分布图（2011—2012 年上半年）

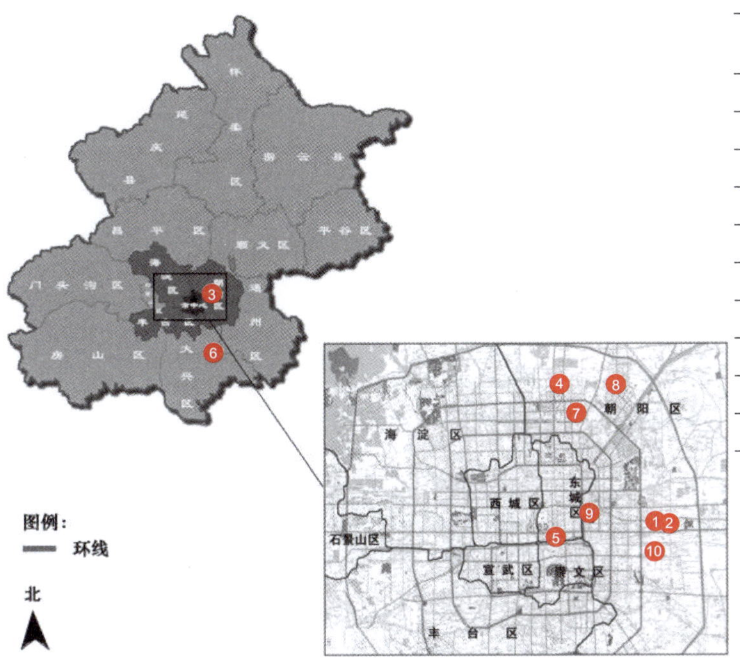

排名	楼盘名称	目前租金（元 /m²• 月）	租金回报率（%）
1	和乔丽致	95	4.5
2	蓝堡国际公寓	94	4.4
3	阳光 100	94	4.2
4	天创世缘	60	3.9
5	新世界太华公寓	75	3.5
6	博客雅居	40	3.4
7	UHN 国际村	77	3.3
8	宝星园	54	3.2
9	怡景园	70	3.2
10	双花园	54	3.2

资料来源：北京中原市场研究部

19.4 写字楼商业市场

图 19-13 北京市租金前 10 名的租赁型写字楼分布图（2011—2012 年上半年）

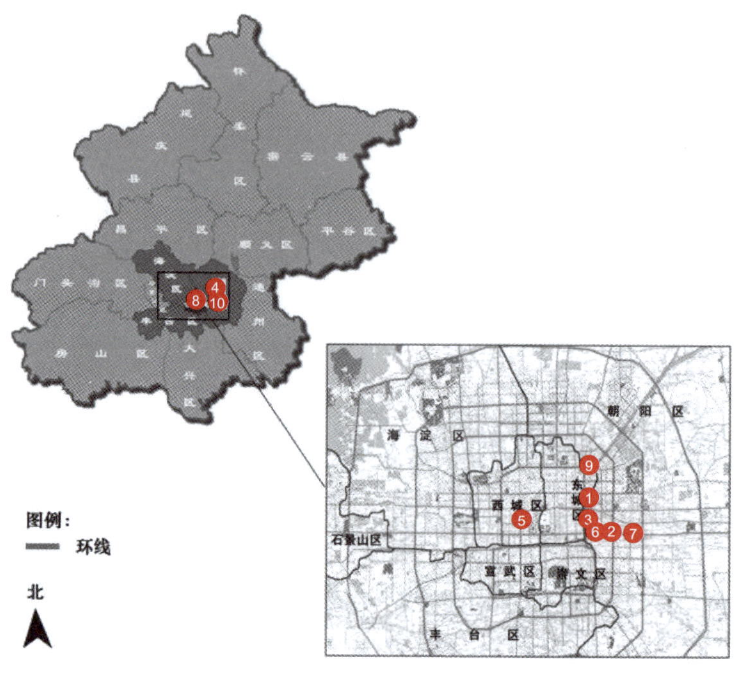

排名	写字楼名称	租金（元 /m²• 月）	建筑面积（万 m²）	入驻率（%）
1	国贸三期	753	54.0	83
2	环球金融中心	600	25.2	96
3	国贸二期	592	25.0	98
4	中海广场	550	15.0	97
5	PICC	544	7.3	99
6	北京 IFC 大厦	543	16.2	84
7	华贸中心	530	10.0	98
8	SK 大厦	527	5.4	98
9	来福士广场	523	15.0	100
10	金地中心	523	15.1	98

资料来源：北京中原市场研究部

注：租金及入住率为 2012 年 1-6 月平均租金及入住率

城市 Market　楼事 Story　数据 Data

图 19-14 北京市销售价格前 10 名的销售型写字楼分布图（2011—2012 年上半年）

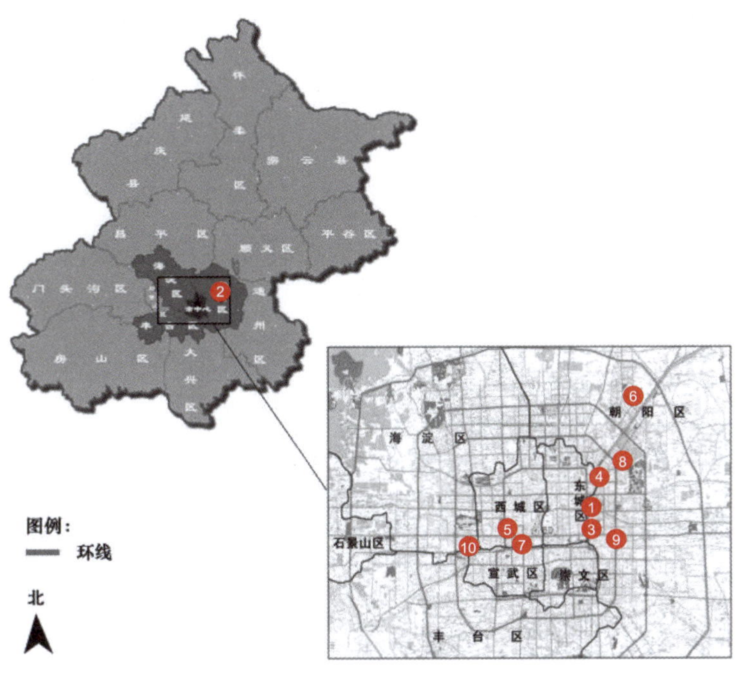

排名	写字楼名称	租金（元 /m²• 月）	建筑面积（万 m²）	入驻率（%）
1	银河 SOHO	70934	16.60	6.1
2	三里屯 SOHO	60761	4.70	4.1
3	世纪财富中心	52697	14.20	6.8
4	工三 plaza	50060	4.40	6.1
5	丰汇时代	50004	8.90	8.6
6	望京 SOHO	48622	39.20	8.9
7	西单银座中心	47291	12.00	8.4
8	中冶置业・霄云国际	45488	3.58	4.4
9	建外 SOHO	39906	3.80	5.9
10	海天广场	38901	23.25	3.7

资料来源：北京中原市场研究部

图 19-15 北京市销售面积前 10 名的销售型写字楼分布图（2011—2012 年上半年）

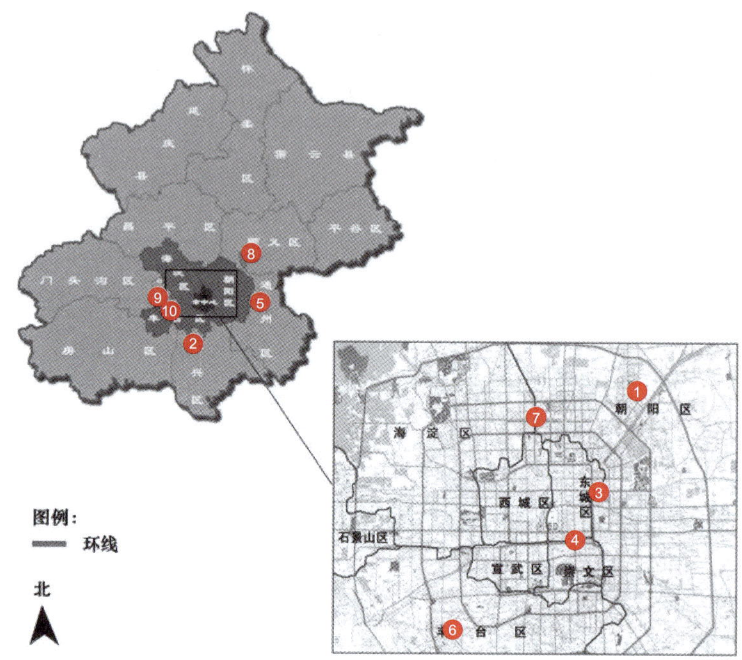

排名	写字楼名称	2011—2012 上半年的销售面积（万 m^2）	最近一次开盘售价（元 / m^2）	建筑面积（万 m^2）	入驻率（%）
1	望京 SOHO	15.93	50000	39.23	8.9
2	绿地财富中心	10.93	21000	6.95	5.1
3	朝阳广场	9.75	32000	37.00	13.5
4	华金泰大厦	8.53	31500	8.87	12.6
5	金融街园中园	8.10	20000	33.24	6.3
6	总部基地	7.04	25000	106.00	4.3
7	金澳国际大厦	5.38	30000	14.00	7.8
8	翼之城	5.01	12500	15.00	7.2
9	北方中惠国际中心	4.36	29000	11.30	6.8
10	诺德中心	4.15	28500	23.72	7.6

资料来源：北京中原市场研究部

城市 Market
楼事 Story
数据 Data

北京市写字楼售价季度走势（2011—2012 年上半年）　　　　表 19-7

时间	2011 年第 1 季度	2011 年第 2 季度	2011 年第 3 季度	2011 年第 4 季度	2012 年第 1 季度	2012 年第 2 季度
售价（元 / m^2）						
全市	26589	23066	25425	27769	25011	24751
甲级写字楼租金（元 / m^2• 月）						
全市	288	323	357	381	415	451
CBD 商圈	354	378	452	509	563	630
燕莎商圈	241	287	311	330	338	356
建国门商圈	296	363	420	433	451	506
东二环商圈	234	247	280	294	330	341
金融街商圈	257	296	294	314	343	395
中关村商圈	251	276	271	278	313	328
亚奥商圈	309	373	383	396	439	455
甲级写字楼入驻率（%）						
全市	84	87	95	94	95	96
CBD 商圈	64	68	93	91	92	93
燕莎商圈	93	94	97	97	97	97
建国门商圈	93	95	93	91	94	96
东二环商圈	91	95	97	97	97	96
金融街商圈	96	97	98	100	100	100
中关村商圈	94	97	98	99	96	98
亚奥商圈	83	90	90	88	93	97

数据来源：北京中原市场研究部

北京市甲级写字楼市场未来供应项目（2012—2013 年） 表 19-8

项目名称	区域 / 商圈	开发商	预计竣工时间	占地面积（万 m^2）	建筑面积（万 m^2）	项目点评
亦城科技中心	亦庄	北京经济技术投资开发总公司	2013-12	2.16	10.57	项目定位为总部办公，拥有满足不同类型企业需求的高端写字楼，及完善的商务商业配套功能
自由筑	通州	北京金隅嘉业房地产开发有限公司	2013-10	7.90	20.78	项目位于通州国际新城，地处正将建设的现代化国际新城核心运河板块
中国铁建·耀中心	石景山	中铁建设集团北京佳景晟房地产有限公司	2013 年	1.91	13.50	项目由中铁建设集团有限公司投资开发建设的 5A 甲级写字楼
商务公园	通州	北京市通州商务园开发建设有限公司	2013-01	8.80	13.40	项目是诠释商务园产品风格和整体定位的旗帜项目，是承载金融后台、电子商务企业办公，展示绿色办公环境与生态科技的示范项目
托普科技园	丰台	北京万顺达房地产开发有限公司	2013 年	16.50	35.00	项目从整体区域经济发展的角度出发进行规划设计、建设，力求打造具有独特风格、高智能、人性化、生态型，集研发、办公、产业休闲于一体的企业集群基地
银河财智中心	石景山	北京上善恒盛置业有限公司	2013 年	1.25	8.80	项目紧临长安街，为 2 栋塔楼加裙房设计，大堂奢侈挑高空间，彰显企业气度与品质
天骥智谷	亦庄	香港天骥集团	2013-06	13.35	24.00	项目秉承生态节能理念，以国际前瞻规划，总体定位为集总部独栋、生态写字楼、商业等多种产品类型为一体的低密度、高绿化率、低碳节能环保的智力密集型商务花园
金成中心	通州	北京金隅大成开发有限公司	2013 年	5.02	21.60	项目位于通州区梨园镇九棵树大街，集大型时尚百货、情景式商街、餐饮、高端影院、5A 级写字楼产品于一身，倾力打造通州核心区域高端综合体新形象

数据来源：北京中原市场研究部

图 19-16 北京市销售价格前 10 名的销售型商业项目分布图（2011—2012 年上半年）

排名	项目名称	区域 / 商圈	类型	均价（元 /m^2）	建筑面积（万 m^2）	租金回报率（%）
1	富力十号	朝阳区	社区商业	122984	10.00	3.8
2	三里屯 SOHO	朝阳区	商业综合体	121538	31.60	4.4
3	光华路 SOHO	朝阳区	商业综合体	106649	7.50	4.1
4	星源汇	朝阳区	社区商业	100908	4.64	7.1
5	世茂宫园	朝阳区	社区商业	100000	4.87	2.5
6	银河 SOHO	东城区	商业综合体	95806	33.00	4.1
7	新景家园	崇文区	社区商业	91358	76.00	5.9
8	望京 SOHO	朝阳区	商业综合体	89793	39.23	4.0
9	东亚・中轴国际	丰台区	商业综合体	76001	13.80	3.8
10	华远・昆仑公寓	朝阳区	社区商业	73775	3.00	4.8

资料来源：北京中原市场研究部

图 19-17 北京市销售面积前 10 名销售商业项目分布图（2011—2012 年上半年）

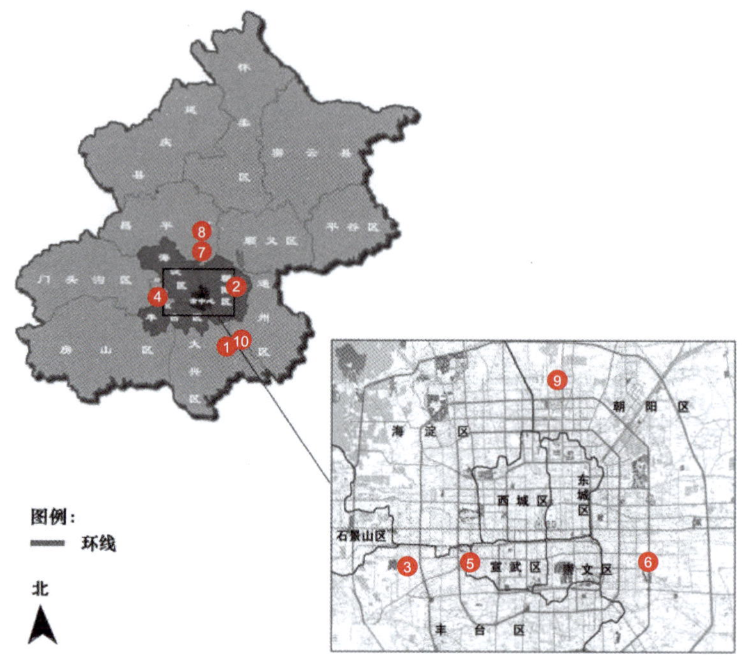

排名	项目名称	区域 / 商圈	类型	销售面积（万 m^2）	最近一次开盘价（元 /m^2）	建筑面积（万 m^2）	租金回报率（%）
1	力宝广场	大兴区	商业综合体	7.85	18000	28.00	10.2
2	万象新天	朝阳区	社区商业	7.30	15000	81.00	7.2
3	大成郡	丰台区	社区商业	4.95	25000	32.15	8.6
4	融科创意产业中心	石景山区	社区商业	4.54	22000	11.25	9.8
5	威尔夏大道	丰台区	商业综合体	4.02	30000	6.72	7.2
6	华腾新天地大厦	朝阳区	商业综合体	3.69	25000	40.30	5.8
7	媒体村	朝阳区	社区商业	3.30	22000	64.00	6.5
8	天通苑	昌平区	社区商业	2.97	18500	120.00	5.8
9	阳光广场	朝阳区	社区商业	2.97	23500	15.00	9.2
10	林肯公园	大兴区	商业综合体	27.50	28000	50.00	9.0

资料来源：北京中原市场研究部

北京市大型集中商业未来供应项目（2012—2013 年）　表 19-9

项目名称	区域 / 商圈	开发商	预计竣工时间	占地面积（万 m^2）	建筑面积（万 m^2）	项目点评
东湖湾 • 金湖街	望京	北京城建集团 / 北京天润置地集团	2012-07	8.87	8.61	“东湖湾 • 金湖街”依托东湖湾 60 万 m^2 高端住宅社区，倾力打造高品质的社区高端商业，采用新古典自然风格，营造出欧洲小镇般的慢街区生活，即将成为望京代表性的商业街区
中建 • 国际港	大兴	中建国际	2013-01	14.10	41.00	“中建国际港”坐落于大兴新城核心，4 号线地铁枣园站上，紧邻大兴规格最高的城市主干道兴华大街，总建筑规模约 40 万 m^2
绿地中央广场	大兴	北京绿地京城置业有限公司	2012-12	16.18	41.80	“绿地中央广场”位于大兴区黄村卫星城北部核心区域，规划建设集高档住宅、国际青年公寓、大型购物中心、餐饮酒吧街、俱乐部等于一体的大型城市综合体
富力丹麦小镇 • 星光大道	大兴	北京龙熙顺景房地产开发有限责任	2013-10	40.00	60.00	“富力丹麦小镇”位于京开高速庞各庄出口南 1km，打造欧式风情情景商街，100~260m^2 临街旺铺，6~8 m 超阔面宽，双层结构，可做餐饮的黄金铺位
7 克拉	马家堡	北京力迅房地产开发有限公司	2012-08	2.57	7.71	“7 克拉”位于丰台区马家堡东路，地处南三、四环之间马家堡核心区域，周边配套完善，交通便利
保利国际广场	望京	保利（北京）房地产开发有限公司	2013 年	31.00	40.00	“保利国际广场”为大望京区域的完美收官，住宅总建筑面积近 15 万 m^2，由板式高层，3 栋独立办公楼、4 栋独立商业组成容积率为 2.5，绿化率 30% 以上的城中城小区
京杭广场	通州	绿城地产	2013-12	3.97	17.84	“京杭广场”休闲娱乐为主、购物餐饮互动的商业模式，以餐饮、娱乐、影院、购物、休闲为一体的城市生活时尚休闲中心
龙德 • 紫金街	立水桥	龙德置地有限公司	2012-09	2.00	1.74	“龙德 • 紫金街”位于北京国奥城市板块的商业中心，设为内外街商铺，具有绝佳的商机和极高的财富价值

数据来源：北京中原市场研究部

第 20 章 天津地产数据

20.1 房地产投资环境

天津市历年房地产市场主要指标表（2011—2012 年上半年） 表 20-1

指标	2011 年	2012 年上半年
GDP（亿元）	11190.99	5864.94
GDP 增长率 (%)	16.40	14.10
固定资产投资额（亿元）	7510.67	4364.36
房地产投资额 (亿元)	1080.04	675.80
住宅投资额 (亿元)	679.04	450.59
写字楼投资额 (亿元)	101.00	46.04
商铺投资额 (亿元)	181.00	89.37
商品房施工面积 (万 m^2)	9075.00	7279.08
住宅施工面积 (万 m^2)	6436.00	4997.23
写字楼施工面积 (万 m^2)	688.00	632.40
商铺施工面积 (万 m^2)	1032.00	882.35
商品房新开工面积 (万 m^2)	3484.00	977.52
住宅新开工面积 (万 m^2)	2374.00	756.76
写字楼新开工面积 (万 m^2)	278.00	46.94
商铺新开工面积 (万 m^2)	437.00	76.52
商品房竣工面积 (万 m^2)	2105.00	463.36
住宅竣工面积 (万 m^2)	1642.00	318.69
写字楼竣工面积 (万 m^2)	147.00	19.46
商铺竣工面积 (万 m^2)	154.00	96.59
商品房销售额 (亿元)	1473.00	558.01
住宅销售额 (亿元)	1242.11	461.21
写字楼销售额 (亿元)	54.00	52.43
商铺销售额 (亿元)	139.00	43.50
商品房销售面积 (万 m^2)	1643.11	679.64
住宅销售面积 (万 m^2)	1455.00	574.94
写字楼销售面积 (万 m^2)	43.11	54.89
商铺销售面积 (万 m^2)	105.00	48.21

数据来源：天津市统计局

天津市主要房地产政策一览表（2011—2012 年上半年） 表 20-2

政策名称	颁布日期	实施日期	发布单位	对房地产市场的影响
天津土地出让金缴款期限延长	2012-05	2012-05	天津市国土房管局	土地出让金在 10 亿元以上的地块延长缴付期限
《天津市新建住宅配套非经营公建建设和管理办法》	2012-03	2012-05	天津人民政府	进一步规范房地产市场，规定住宅配套非经营性公建不得销售、建成后无偿进行移交
《天津上调普通住房指导价》	2012-01	2011-02	天津市国土房管局	提高普通住房指导价，扩大了普通商品住宅范围，降低商品房交易相关税费，属于购房政策微调，促进刚需购房者入市
《天津市新建商品房预售资金监管办法》	2011-12	2011-12	天津市国土房管局	加强对房地产开发企业的资金监管力度，降低由于开发商资金短缺而对购房者产生的权益风险
关于加强酒店型公寓建设管理有关要求的通知	2011-11	2011-11	天津市规划局等	规定商业用地中酒店式公寓比例及建筑要求，降低开发商对该类产品依赖性，完善公寓建筑要求
自住公有住房开征营业税	2011-05	2011-05	天津市国土房管局	天津自住公有住房开征营业税，房产市场再次收紧，对二手住宅市场影响较大

资料来源：天津中原数据库

20.2 土地市场

天津市历年土地出让主要指标表（2011—2012 年上半年） 表 20-3

	土地公告情况		土地成交情况			
	宗数	占地面积（万 m^2）	宗数	占地面积（万 m^2）	建筑面积（万 m^2）	土地出让金额（亿元）
2011 年	958	6072.73	917	5938.53	6709.05	556.78
2012 年上半年	522	3173.04	472	2747.17	2570.14	163.65

数据来源：中原集团研究中心

天津市土地规划（2012 年） 表 20-4

住房建设用地供应总量（万 m^2）	经济适用房（万 m^2）	公共租赁房（万 m^2）	限价商品房（万 m^2）	中小套型商品房用地（万 m^2）	三类用地占总量
1096.00	317.00	32.00	50.00	488.00	80.93%

数据来源：中原集团研究中心

图 20-1 天津市可建面积前 10 名的房企入驻分布图（2011—2012 年上半年）

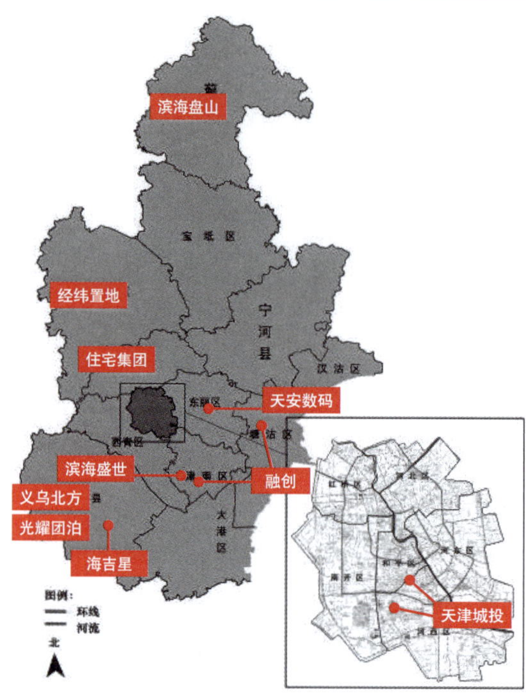

排名	开发商	区域	用地性质	地块面积（公顷）	可建面积（万 m^2）	总价（亿元）	楼面地价（元 /m^2）	日期
1	天安数码	东丽	住宅、商服	58.19	156.31	6.85	438	2011-02
2	经纬置地	武清	住宅	37.23	93.08	6.71	721	2011-11
		武清	住宅	8.55	21.37	3.70	1731	2011-06
3	融创	津南	住宅	26.84	59.05	18.79	3182	2011-01
		塘沽	住宅、商服	5.79	7.92	2.78	3513	2012-04
		塘沽	住宅、商服	13.86	28.11	9.72	3458	2012-06
4	义乌北方国际商贸城	静海	商服	21.58	43.17	2.59	600	2011-02
		静海	商服	24.15	48.30	2.90	600	2011-05
5	滨海盘山	蓟县	住宅、商服	102.01	90.27	4.19	465	2011-07
6	滨海盛世国际汽车园	津南	商服	38.27	78.19	4.99	639	2011-11
7	海吉星农产品物流	静海	商服	3.04	7.60	0.37	480	2011-01
		静海	商服	33.37	66.73	4.01	600	2011-05
8	天津城投	河西	住宅	21.61	52.34	30.14	5759	2011-05
		和平	商服	0.16	0.52	0.43	8269	2011-06
		河西	住宅	0.77	19.21	11.16	5810	2011-09
9	住宅集团	北辰	住宅	29.20	61.98	15.55	2508	2011-09
10	光耀团泊	静海	住宅	23.92	28.71	3.05	1063	2011-01
		静海	商服	2.02	2.42	0.30	1251	2011-04
		静海	住宅	21.07	25.28	3.16	1250	2011-09

数据来源：天津中原数据库

图 20-2 天津市 10 大热点地块（2011—2012 年上半年）

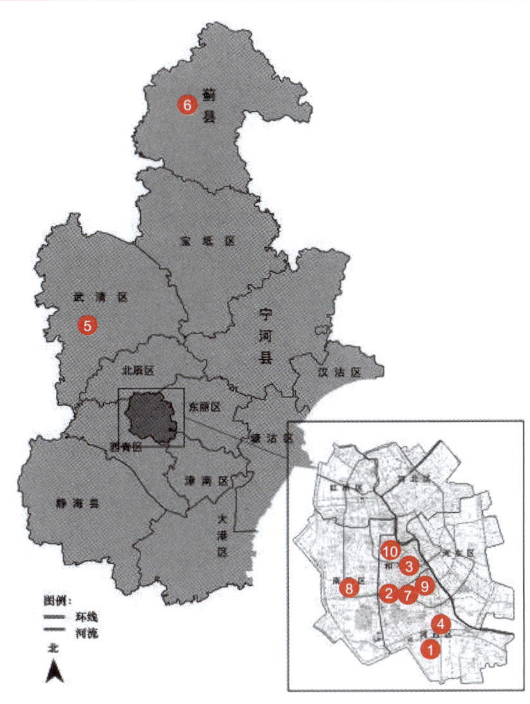

排名	地块名称	关注点	关注信息	开发商
1	津西解（挂）2011-188 号	2011 总价最高总价居住用地	中标总地价 299000 万元	天津保利融创投资有限公司
2	津和大（挂）2012-041 号	2012 上半年最高总价居住用地	中标总地价 17500 万元	金融街融展（天津）投资有限公司
3	津和成（挂）2010-278 号	2011 最高楼面均价居住用地	楼面均价 26712 元 /m^2	天津瑞尔斯泰德股权投资基金合伙企业（有限合伙）
4	津西彩（挂）2011-248 号	2012 年上半年最高楼面均价居住用地	楼面均价 9500 元 /m^2	天津立达房地产投资有限公司
5	津武（挂）2011-155 号	2011 年溢价率最高居住用地	溢价率 155%	天津佳　投资发展有限公司
6	津蓟（拍）2011-047 号	2011 年溢价率最高商服用地	溢价率 100%	天津捷昌投资有限公司
7	津和泰（挂）2011-216 号	2011 年总价、楼面均价最高商服地块	中标总地价 71263 万元，楼面均价 10328 元 /m^2	天津市天泰置业发展有限公司
8	津南南（挂）2011-265 号	2012 上半年总价最高商服用地	中标总地价 99510 万元	天津地铁资源投资有限公司
9	津和金（挂）2012-048 号	2012 上半年楼面均价最高商服用地	楼面均价 18925 元 /m^2	天津津湾置业有限公司
10	津和大（挂）2012-041 号	2012 上半年建筑面积最大居住用地	建筑面积 210500m^2	金融街融展（天津）投资有限公司

数据来源：天津中原数据库

图 20-3 天津市居住用地量价分布图（2011 年）

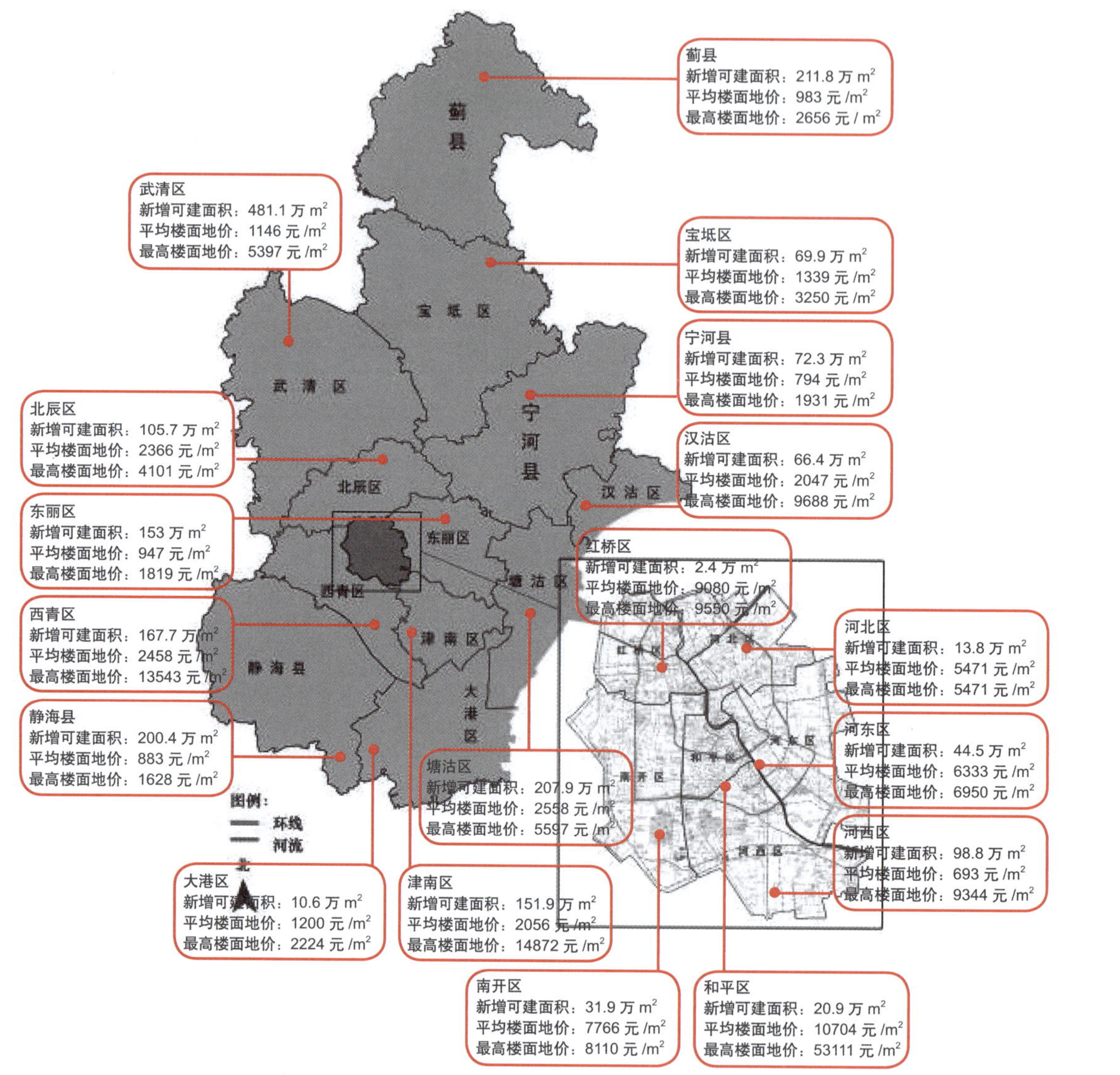

数据来源：天津中原数据库

图 20-4 天津市居住用地量价分布图（2012 年上半年）

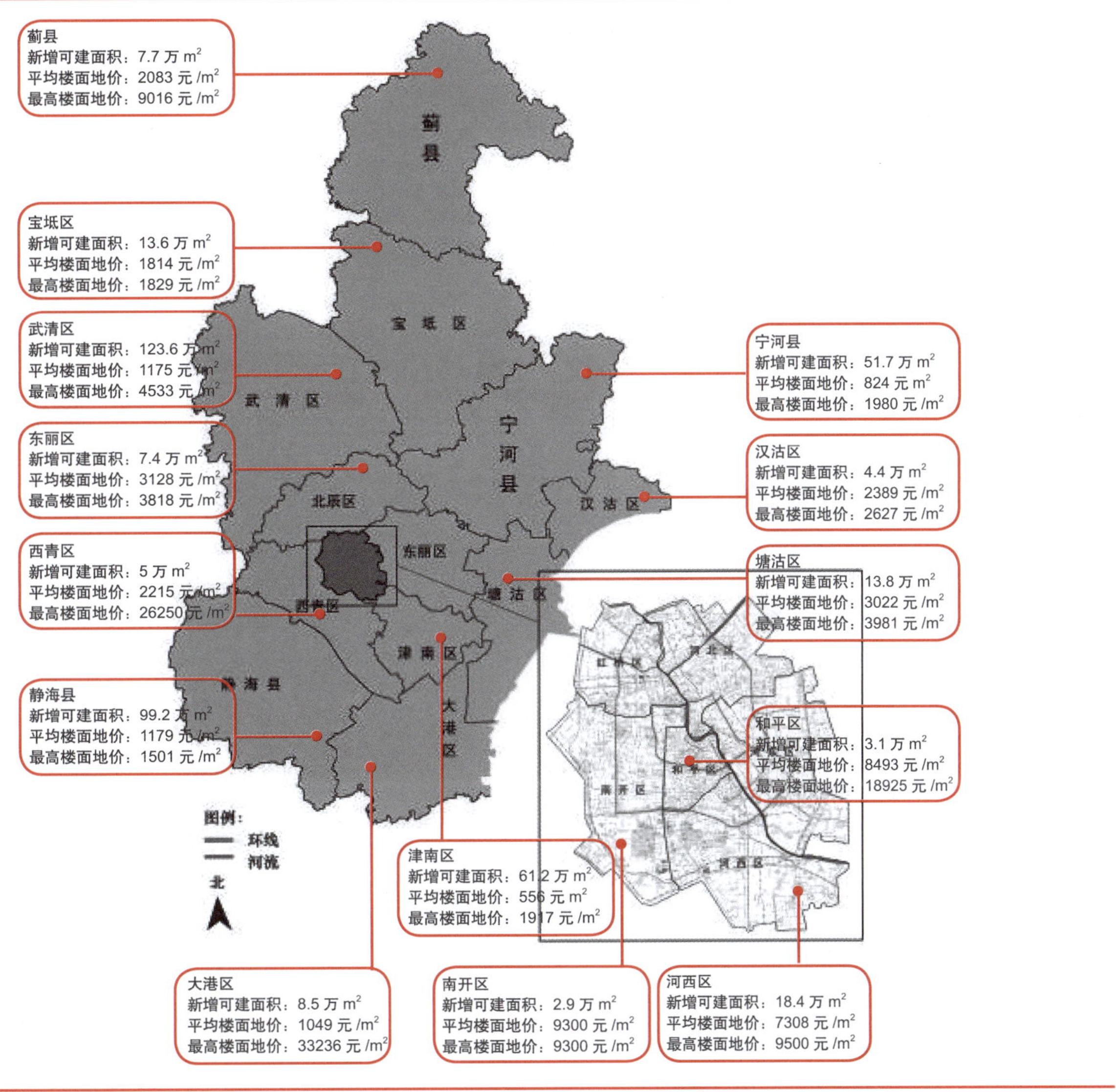

数据来源：天津中原数据库

20.3 住宅市场

天津市历年商品住宅市场主要指标表（2011—2012 年上半年）

表 20-5

时间	商品住宅市场		二手住宅市场	
	销售面积（万 m^2）	销售额（亿元）	销售面积（万 m^2）	销售金额（亿元）
2011 年	886.51	828.22	363.77	282.00
2012 年上半年	357.92	358.47	177.87	150.36

数据来源：天津中原数据库

天津市商品住宅供需情况表（2011—2012 年上半年）

表 20-6

区域	销售情况			
	销售套数（套）	销售面积（万m^2）	成交金额（亿元）	成交均价（元/m^2）
环城四区	45420	467.01	310.10	9508
远郊区县	37261	388.85	247.80	6373
滨海新区	20779	207.65	184.74	8897
中心城区	16191	180.92	310.10	17140

数据来源：天津中原数据库

图 20-5 天津市新建住宅售价前 10 名楼盘分布图（2011 年）

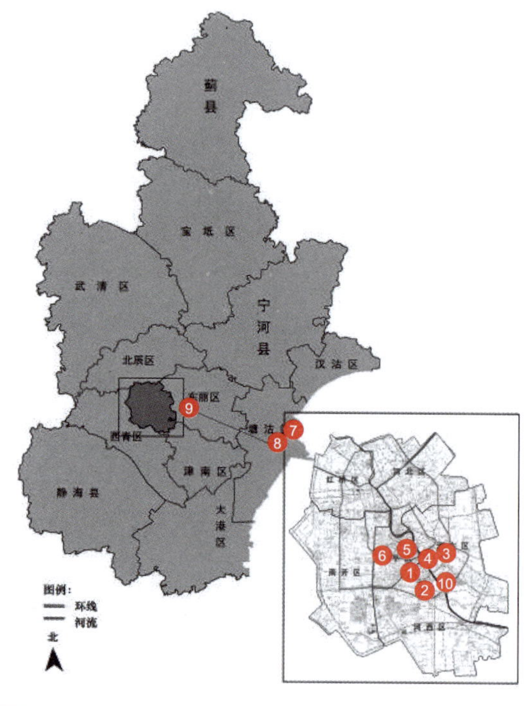

排名	楼盘名称	建筑面积（万 m^2）	2011 年均价（元 /m^2）
1	招商西康路 36 号	4.75	39000
2	松江梅江南别墅 4 号院	0.33	36000
3	卓越浅水湾	9.00	35800
4	泰安道五大院	35.60	32000
5	天津环球金融中心	60.00	31000
6	融创星美御	6.00	30000
7	泰达清谷	14.00	28000
8	华纳豪园	9.30	27800
9	金地紫乐府	6.00	26000
10	博轩园	10.20	25600

数据来源：天津中原数据库

图 20-6 天津市新建住宅售价前 10 名楼盘分布图（2012 年上半年）

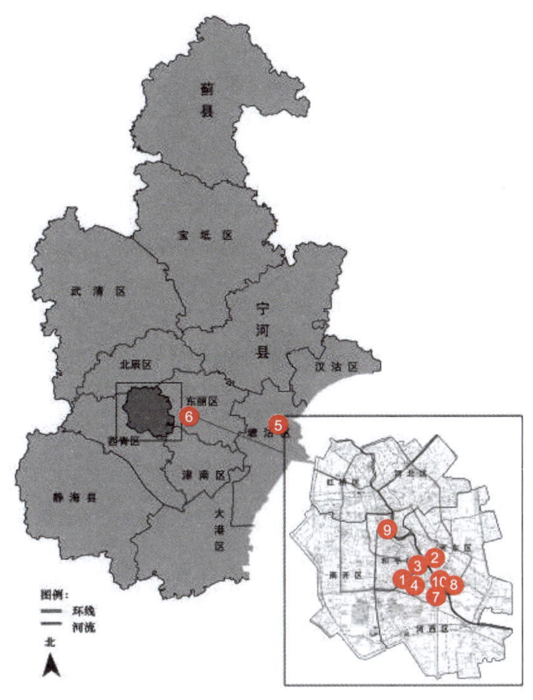

排名	楼盘名称	建筑面积（万 m^2）	2012 年上半年均价（元 /m^2）
1	融创海逸长洲	60.00	50000
2	卓越浅水湾	9.00	35000
3	泰安道五大院	35.60	35000
4	松江梅江南别墅 4 号院	0.33	30000
5	泰达清谷	14.00	28000
6	金地紫乐府	6.00	27000
7	博轩园	10.20	27000
8	万达公馆	34.00	25000
9	仁恒海河广场	52.00	25000
10	泰悦豪庭	7.20	25000

数据来源：天津中原数据库

图 20-7 天津市新建住宅销售面积前 10 名楼盘分布图（2011 年）

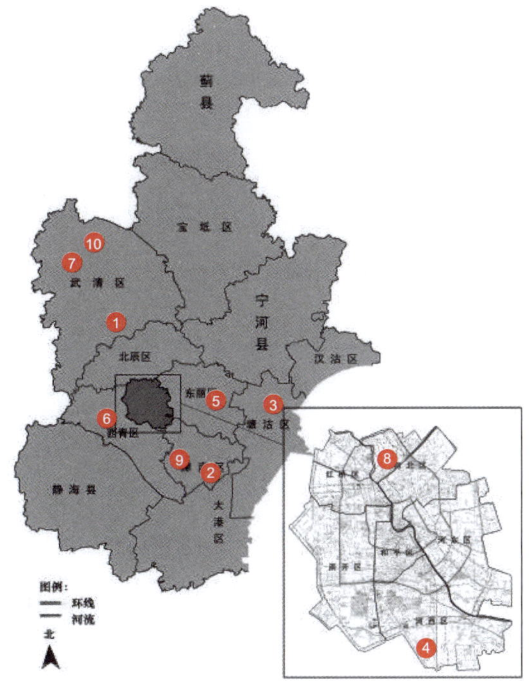

排名	楼盘名称	2011 年销售面积（万 m^2）	2011 年均价（元 /m^2）
1	龙湾城	15.90	6600
2	天山水榭花都	15.70	4700
3	欧美风情小镇	15.60	6100
4	富力津门湖	14.30	15400
5	复地温莎堡	13.40	9500
6	莱茵小镇	11.70	7000
7	保利上河雅颂	11.70	7400
8	北宁湾	10.70	13000
9	天津碧桂园	10.40	8000
10	盛世天下	9.80	7800

数据来源：天津中原数据库

图 20-8 天津市新建住宅销售面积前 10 名楼盘分布图（2012 年上半年）

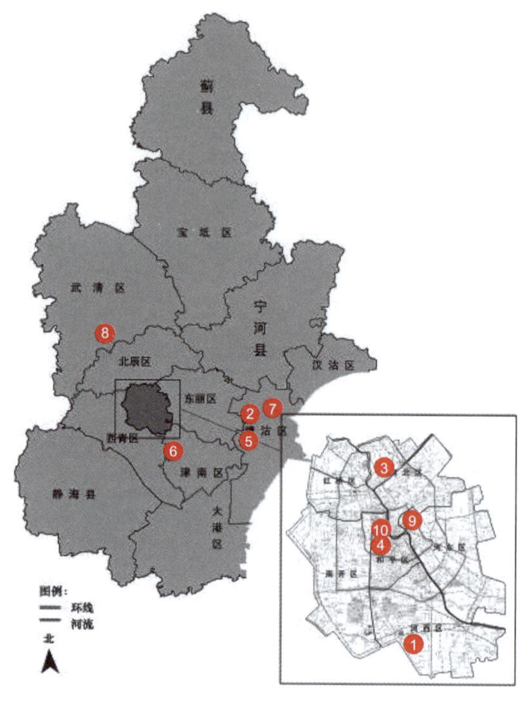

排名	楼盘名称	2012 年上半年销售面积（万 m²）	2012 年均价（元 /m²）
1	富力津门湖	10.90	14000
2	南益名士华庭	8.80	8200
3	北宁湾	8.00	12000
4	天津大都会	8.00	20000
5	远洋城	7.40	8000
6	首创爱这城	7.00	7600
7	首创国际城	6.80	8100
8	龙湾城	6.30	6600
9	振业城中央	6.00	14000
10	仁恒海河广场	5.60	25000

数据来源：天津中原数据库

图 20-9 天津市新建住宅 10 大热点楼盘分布图（2011—2012 年上半年）

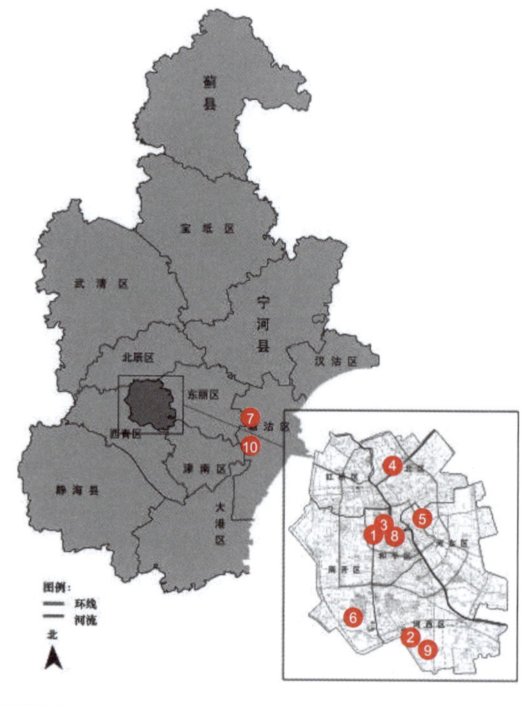

排名	关注点	楼盘名称	最近一次开盘均价（元 /m²）	建筑面积（万 m²）
1	价格降幅明显	天津大都会	20000	86.00
2	环境优	富力津门湖	14000	427.00
3	景观豪宅	仁恒海河广场	25000	52.00
4	高性价比刚需	北宁湾	12000	50.00
5	高性价比刚需	振业城中央	14000	19.20
6	区位优	招商钻石山	17500	9.50
7	塘沽性价比优	南益名仕华庭	8200	100.00
8	小户型学区房	新汇华庭	17600	54.00
9	价格最贵别墅	融创海逸长洲	50000	60.00
10	教育资源优	远洋城	8000	200.00

数据来源：天津中原数据库

图 20-10 天津市二手住宅价格涨幅前 10 名楼盘分布图（2011—2012 年上半年）

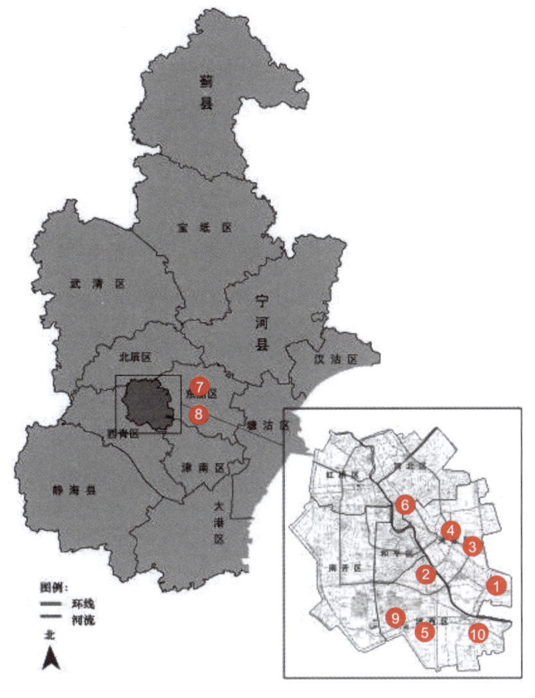

排名	楼盘名称	目前在售单价（元 /m^2）	价格涨幅（%）
1	米兰新干线	13442	7.0
2	龙海公寓	15138	6.0
3	芳馨园	13170	4.0
4	嘉华新苑	13975	4.0
5	华夏津典畅水园	14215	4.0
6	海河大道	17933	4.0
7	万科魅力之城	9093	3.0
8	百合春天	10445	3.0
9	海逸长洲	14459	3.0
10	海天馨苑	11287	3.0

数据来源：天津中原数据库

图 20-11 天津市二手住宅租金涨幅前 10 名楼盘分布图（2011—2012 年上半年）

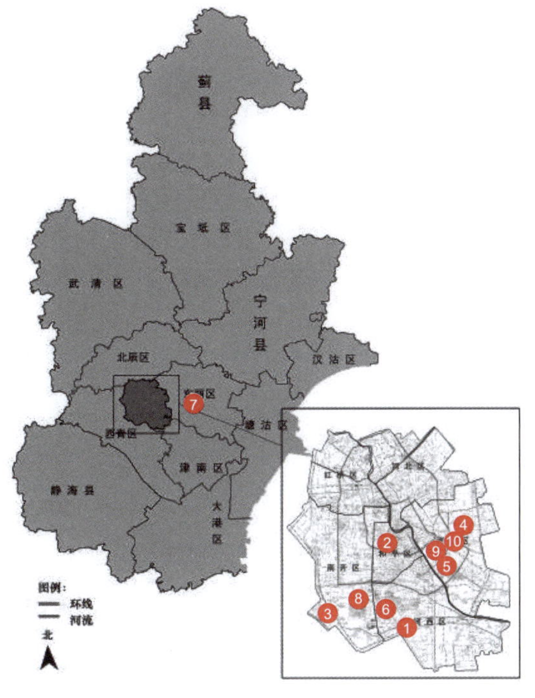

排名	楼盘名称	目前租金（元 /m^2• 月）	价格涨幅（%）
1	第六田园	43.93	8.0
2	蓉芳里	34.00	7.0
3	天华里	28.59	7.0
4	来安里	38.83	6.0
5	军旅公寓	31.13	6.0
6	海逸长洲	39.87	6.0
7	万隆花园	28.38	5.0
8	时代奥城	37.19	4.0
9	程林里	44.44	4.0
10	金湾花园	27.28	4.0

数据来源：天津中原数据库

图 20-12 天津市二手住宅租金回报率前 10 名楼盘分布图（2011—2012 年上半年）

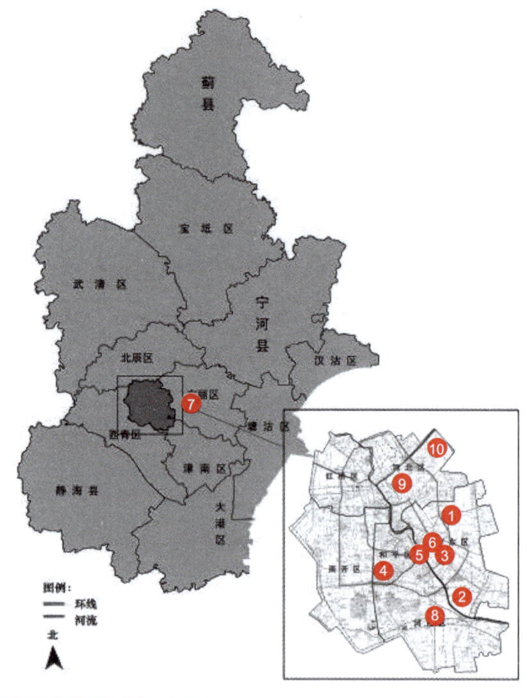

排名	楼盘名称	租金回报率（%）
1	华光里	6.0
2	滨河新苑	6.0
3	程林里	5.0
4	天宁里	4.0
5	福泽温泉公寓	4.0
6	来安里	4.0
7	万隆花园	4.0
8	新城小区	4.0
9	金波里	4.0
10	康桥里	4.0

数据来源：天津中原数据库

20.4 写字楼商业市场

图 20-13 天津市零售商业现有及未来供应项目分布图（2011—2013 年）

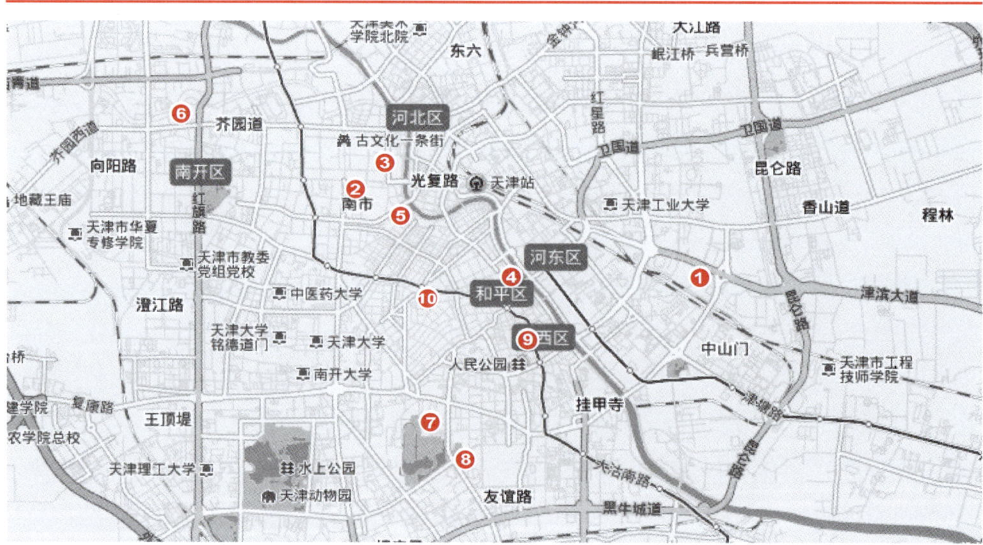

排名	项目名称	区域/商圈	开发商	预计竣工时间	占地面积（万 m^2）	建筑面积（万 m^2）	项目点评
1	红星国际广场	津滨大道	天津市华运商贸物业有限公司	2011-12	20.66	92.76	项目业态定位为中高档品牌，既与周边商业相互融合，立足提供差异化服务，有助于辐射带动周边商业和环境的改善升级
2	天津大悦城	老城厢	大悦城（天津）有限公司	2011-12	8.90	53.00（其中购物中心27万）	项目的一站式体验型购物中心以18岁至35岁的中青年人为主力消费人群，引进国际时尚主流品牌
3	仁恒海河广场商业	东马路	仁恒发展（天津）有限公司	2011-06	1.40	7.40	项目已签约乐天百货旗舰店、CJCGV影院两大主力店，乐天百货的引入，带来原汁原味的韩日流行元素，沿街商业也将以中高端品牌直营店的形式亮相与东马路一侧。
4	友谊精品广场	和平区	一商友谊	2012-04	—	5.04	友谊精品广场位于南京路—小白楼两大市级商圈的交汇处，定位为面向城市精英阶层的高端百货
5	恒隆广场	和平路	香港恒隆集团	2012-12	4.00	26.00	项目建成后将成为本市最大集商业、娱乐、休闲、餐饮等功能于一体的一站式高端商业设施，汇集世界众多一线品牌，未来将成为市中心最大的购物天堂
6	鹏欣水游城	西北角	天津开发区建隆置业有限公司、上海鹏欣集团	2011-09	4.88	18.82（其中购物中心8万）	项目将为红桥区的商业发展带来全新局面，首次引入一站式购物、“时间型消费”的全新理念
7	九方购物中心	友谊路	中航地产	2011-12	2.30	10.00	项目定位为“都市精英生活馆”，集购物、餐饮、修仙、娱乐于一体，周边高档住宅聚集、商业、商务气氛浓郁，交通发达
8	银河国际购物中心	友谊路	天津城投集团	2012-05	7.46	36.00	项目已签约乐天百货、嘉禾影城、全明星冰场3大主力店，定位为天津高端一站式体验型购物中心，未来将成为天津地标
9	怡乐天地购物中心	大沽南路	博智置业	2012-07	0.70	3.00	项目拥有 $3900m^2$ 的潮汐广场，集时尚娱乐、风味餐厅、品牌专卖、休闲购物、特色餐饮等业态于一体
10	现代城	南京路	现代集团	预计2013年	3.90	55.14（其中购物中心20万）	项目将作为天津核心办公、商业及餐饮娱乐中心，成为天津市地标性综合建筑及高级、时尚的购物场所

数据来源：天津中原数据库

公司
Company
京
津

京津

北京中原房地产经纪有限公司

天津中原物业顾问有限公司

北京中原房地产经纪有限公司

一、公司简介

北京中原房地产经纪有限公司为总部设立于香港的中原地产集团在内地的规模最大、设立最早的分行之一，成立于 1994 年 10 月 1 日，是香港中原的独资企业。

北京中原自成立至今，凭借其专业的队伍、良好的信誉、优质的服务得到了国内外众多开发商一致的好评。分设投资顾问部、住宅部、工商铺部、商业楼宇部、三级市场部 5 个业务部门，业务范围涵盖一手住宅、写字楼项目的可行性研究分析、项目推广、策划销售，二手住宅、写字楼的买卖及租赁代理等业务，通过 18 年的发展，北京中原已发展成为北京市极具规模及影响力的专业性房地产综合代理服务机构，累计策划及代理项目近 500 个，物业种类从写字楼、酒店、商铺到别墅、各种档次的住宅及公寓，分布于京城东南西北各大区域。

同时，北京中原积极开拓市场，发展多项业务，在信息咨询、物业管理、项目投资转让以及客户综合服务方面取得了长足的发展，现已成为国内网络最齐全、信息管道最广泛的代理行之一。

凭借 18 年积累的市场营销经验，先进的组织管理模式，科学的数据、信息采集分析系统以及全体员工的全心努力，北京中原不断扩大其在一、二手市场的占有率，先后与万科地产、SOHO 中国、华远集团、首开集团、城建集团、天鸿集团、首创置业、金融街控股、深圳华侨城集团、上海阳光集团、复地集团等知名企业有过或正在进行良好而愉快的合作。在近年北京各类媒体的代理行排名中，北京中原连续多年销售业绩位列第 1 名。在如此激烈的房地产代理行业竞争中，北京中原一直坚守着一条重要原则，即 “为客户创造更多价值”，稳步发展，并以其良好的信誉和稳健的风格赢得了众多发展商和客户的信赖。

二、主要部门简介

（一）　投资顾问部

拥有一支在房地产、经济、金融、财务等各领域理论素养深厚、实践经验丰富的专业队伍。从业人员平均行业工作年限超过 5 年以上，目前操作项目超过上百个，主要从事土地一级市场、市场研究、项目定位、产品规划、财务测算等全方位服务及房地产基础研究工作，其内容涉及住宅、写字楼、商业、酒店、综合体、度假等物业类型。

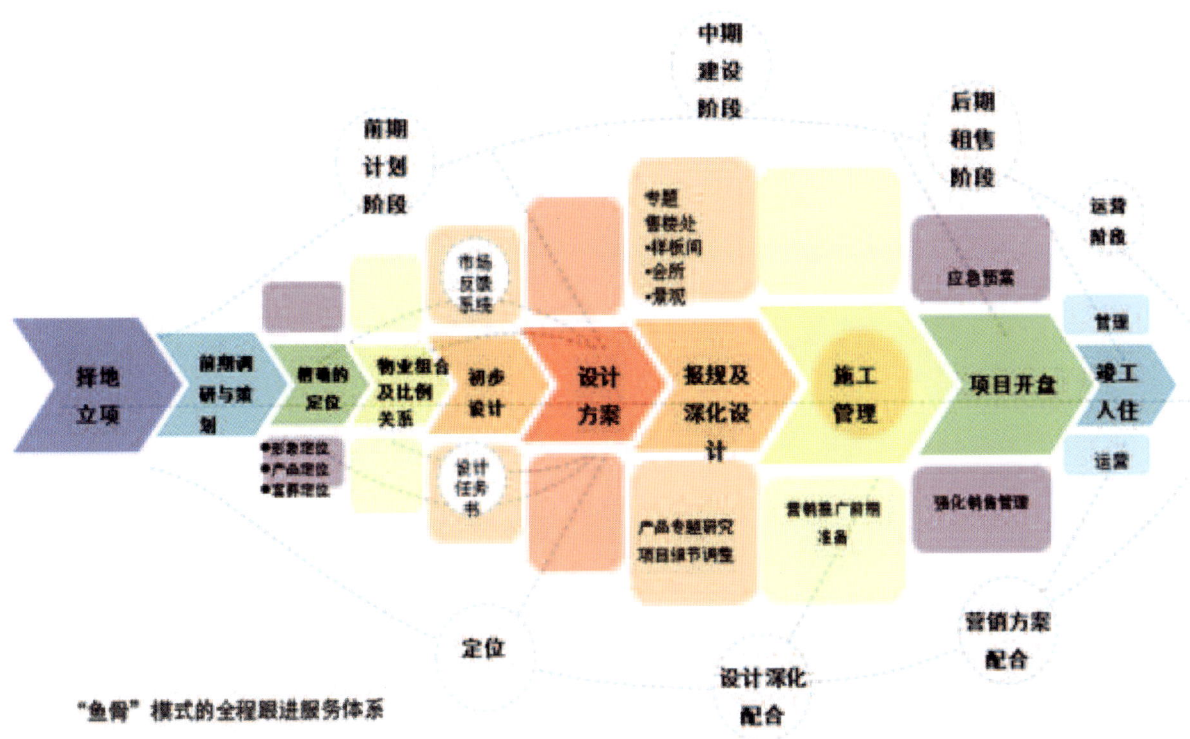

“鱼骨”模式的全程跟进服务体系

1. 顾问服务工作内容

按细分市场划分	按顾问流程划分
1. 土地价值评估 2. 住宅市场定位及产品定位研究 3. 商业公建市场定位及产品定位研究 4. 旅游地产市场评估研究 5. 综合体市场定位及产品定位研究 6. 区域规划及产业研究	1. 房地产市场供应和需求调查与研究 2. 房地产产品特性与发展趋势分析研究 3. 房地产项目投资经济测算与分析 4. 房地产项目市场营销策略（包括媒体）研究
营销顾问服务工作内容	**战略合作服务工作内容**
1. 全程营销顾问合作 2. 深度营销顾问合作：与开发商建立品牌共赢协助开发起形成长期的战略联盟，品牌顾问和项目营销顾问	与国内大型开发企业合作，就以下方面进行专业服务 1. 前期拿地咨询 2. 市场跟踪监测 3. 专题研究服务

中原体系下的营销竞争力优势
1. 定制化区域营销顾问服务 2. 品牌专业联手共同打造地产项目 3. 资源优化，服务于各种物业类型 4. 独特营销思路，整合营销策划与专业执行力把握为开发企业创造营销价值

2. 近期部分投资顾问项目

项目类别	项目名称
居住类项目	华侨村项目前期策划顾问
	复地天赋前期策划顾问
	泛海国际居住区前期策划顾问
	大成梨园项目
	栖霞项目前期策划顾问
	丰台花乡项目前期策划
公建综合体项目	百荣世贸三期项目前期策划顾问
	威海项目前期策划顾问
	城建徜徉集项目前期策划顾问
	北京国际体育交流中心项目前期策划顾问
	山西孝义项目前期策划顾问
	城建北苑广场项目前期策划顾问
	太原项目前期策划顾问
旅游休闲地产	三亚高尔夫别墅项目前期策划顾问
	青龙湖项目前期策划顾问
	崆峒岛项目前期策划顾问
	崇明岛项目前期策划顾问
	北京密云亚澜湾项目前期顾问
区域规划及产业研究	奥林匹克公园中心区项目
	西安项目
	牡丹江项目
	青岛城阳片区开发项目
营销顾问服务	河北沧州华元国际全程营销顾问服务
	秦皇岛壹品天成全程营销顾问服务
	源平・美璟花园全程营销顾问服务
	河间项目全程营销顾问服务
个性化研究服务	建投项目
	首开不动产
	百胜十里堡项目
	远洋地产项目

（二） 住宅部

北京中原住宅部成立于 1996 年，在激烈的市场大潮下，立足于市场变奏，在积累了丰富操盘经验的同时，逐渐摸索、建立了系统的现场管理体系，确立了京城住宅代理市场的领导地位，为实现部门可持续的远景战略目标打下了坚实的基础。

营销方略中心、技术中心是住宅部下设的技术职能部门，为住宅部在售的和新拓展的所有项目提供强有力的技术支持，同时负责对房地产营销相关知识产品的研发和中原知识信息的沉淀。技术中心搭建并维护的北京中原知识信息管理平台为住宅部提供了强有力的知识信息支持，并形成了良好的技术培训体系。

“以略统谋，以谋达略，谋存略张，先存后张”是中原地产策划工作的核心思想。以高度专业的行业知识、丰富的市场经验、精准的行业洞见，强势的专业后台支持，坚持“房地产专业化品牌谋略”的道路，深刻地把握地产动态系统，将自身对资源的整合能力作为创造经济价值与社会价值的源动力。

作为房地产全程策划之思想核心，策划团队以有效的互动整合投资顾问部的研究成果，基于系统了解各类型物业在分布、价位、优劣势等方面情况。并在此基础上掌握市场的前沿资料，结合科学的分析方法，以及中原多年的地产销售经验，针对不同类型的物业推导项目市场定位、客户定位，制定有利于创造销售业绩的价格策略、销售策略和宣传推广等系列营销策略。同时安排效果监测，及时关注市场变化，适时调整方案，配合住宅销售部门，构建强势的项目推广及销售团队。

根据策划团队制定出的营销策略，销售团队对所推广的住宅项目进行销售技巧培训，安排销售管理、销售组织工作，通过多种销售方式：直销、巡展、展会接待、广告咨询电话以及组织现场接待等方式积极向客户推介项目，促进成交。针对不同性质项目及客户群体，通过集团在香港的庞大销售网络，完成海外销售工作。

秉承“以人为本”之公司理念，住宅部立足于人员储备及销售队伍的组建，对新老员工进行全面的专业培训，以增强业务队伍的战斗力，使销售业绩逐年提升。

目前，住宅部拥有专业策划及销售人员 500 多人，均接受过系统专业的业务培训，具有很强的专业素质，和多家大型企业建立了战略合作关系，成功代理项目近 500 余个，所服务的项目屡屡创下骄人的销售业绩。

1. 近期住宅部代理的不同类型的项目

项目类别	项目名称
公寓类	金茂府、励骏华庭、御翠•尚府、蓝光云鼎、昆仑公寓、四季世家、圣世一品、悠唐麒麟公馆、山语城、中冶蓝城、亦庄英联动漫、学院派、智地•钻河公馆、世界城、泛海国际居住区、建邦礼士阁、首城国际中心、首开铂郡、曜阳国际公寓、金隅翡丽、世华泊郡、上林世家、东湖湾、建邦枫景、金都杭城等
别墅类	华润石梅湾、三亚清水湾、海南博鳌亚洲湾、潮白河孔雀城公园城、翠金湖美墅岛、君山高尔夫别墅、阿凯迪亚庄园、雁栖湖国际高尔夫别墅、三亚香水湾一号、海南三亚高尔夫项目、首开青岛城阳后田项目等
投资类	红木林、正源广场、《徜徉集》& 西悦居、保利罗兰香谷、悦府（金街）、中铁建西王佐村项目、美立方、首开铂郡、香悦四季、马可汇、红杉一品、大成玲珑天地、众智家园、东亚•逸品阁、房地置业窦店项目、生态城•公园 360°、盛德•金地、雅颂居、中国水电•首郡、建邦华庭、复地国际公寓、长安驿、金都心语、文津国际等

2. 经典项目分享

住宅公寓类

项目名称	项目介绍	中原优势体现	客户认可度
金茂府	中化集团旗下方兴置业（北京）有限公司在北京打造的第一个高端住宅项目；项目占地 15 万 m^2，建面 36 万 m^2。有 3000m^2 五星级私属会所，8000m^2 的商业街，国际双语幼儿园，国家重点小学；社区采用八大科技系统，实现项目“恒温、恒湿、恒氧”，的生态理念；智能化家居系统实现项目一键化的生活方式	2011 年度完成 50 亿的销售额，获得北京市单盘销售冠军；2012 年上半年又以 20 亿元的签约额获得北京市销售亚军；在我司代理本项目的过程中，金茂府项目曾多次获得北京市最具投资价值奖、最具影响力大盘奖、最具价值名盘奖、热销楼盘奖、最具购买价值项目奖等多达 30 余项的殊荣	1. 开发商对整体营销团队的专业能力、执行能力以及团队的凝聚力寄予高度评价 2. 营销团队通过精准的市场定位、价格策略、推广策略以及高效的销售执行能力协助开发商获得多项市场殊荣．获得开发商的多次表扬。
御翠・尚府	御翠・尚府是和记黄埔地产精心打造的城市核心低密度花园洋房，项目位于朝阳区姚家园，坐落于东四环与东五环之间，为 CBD 居住区内罕有的大型低密度高品位豪华住宅项目；面积从 140~240m^2，均价 31000 元 /m^2	中原通过自身资源进行客户积累，在无前期蓄客情况下开盘销售 46 套，至结案持续成交 131 套，成为众多联合代理公司中当之无愧的冠军团队	中原细致入微的服务得到了客户的广泛认可；中原团队的专业度和高效质量也同时得到开发商的高度认可
建邦・礼仕阁	建邦・礼仕阁项目由北京建工地产打造，位于西城区南礼士路；南距长安街 280m，西到西二环金融街 400m。项目地处金融街西扩区域，周边配套齐全，交通便利，商业、教育和医疗等资源丰富。项目为一栋东西向住宅楼，总建筑面积约 1.67 万 m^2，住宅建筑面积 1.5 万 m^2，配套商业 1600m^2，地上 10 层，地上一层为商业，地下 3 层，共 180 套 70 年产权行政级公寓	该项目为小户型、高单价产品，目标客群范围小，限购政策执行以来，前期积累客户大量受限；中原介入后，在 2011 年逆市热销，超额完成甲方指定的年度任务；2012 年，在北京高端市场整体低迷的情况下，实现了北京销售单价排名前 10 项目销售量第 1，成交量超过西城区总成交一半；同时，销售价格在逆市中实现一个月 3 次涨价，可售房源均价从 63000 元 /m^2，拉升到 69700 元 /m^2	通过中原与开发商的长期合作，建立了良好的沟通机制和合作模式，从项目前期定位到后期销售，开发商各层级均给予了中原现场团队高度评价；项目销售业绩的取得也超过了开发商的预期，得到了高度认可
中国铁建・山语城	中国铁建・山语城由中国铁建股份有限公司下属中国铁建房地产集团有限公司打造；项目位于北京市丰台区王佐镇西王佐村；项目为京西南首席纯洋房生活区，总建面 27 万 m^2，1.3 超低容积率，40% 绿化率，项目全部为 6 层洋房，部分产品电梯入户项目定位为京西南中高端改善型产品，以 3 居、4 居为主，在售主力产品为 115m^2 紧凑 3 居、138m^2 舒适 3 居以及 160m^2 4 居和少量下跃产品	该项目地处西南五环外，交通通达性差、周边配套少，区域在售项目少，区域认知度低；而项目前期开发成本高，售价远高于竞争区域项目；此外项目定位改善，受限购政策影响明显；通过中原团队的努力，建立了大客户谈判带动散客销售的模式，在市场冰冻期实现了项目知名度的建立和京西首席墅质洋房的市场形象树立，在 2012 年政策持续紧压态势下，通过创新营销，实现了项目销售业绩的迅速提升，超过开发商的预期	通过专业的服务水平和良好的服务态度，实现了从开发商集团到项目公司各级领导的认可，也进一步维护和巩固了中原作为中国铁建房地产集团战略合作伙伴的关系，为长期合作奠定基础

别墅类

项目名称	项目介绍	中原优势体现	客户认可度
雅居乐海南清水湾	雅居乐清水湾，雅居乐集团 08 年旷世之作，海南省“十一·五”重点工程项目 项目占地 1.5 万亩，总建面 900 万 m^2，拥有 12km 纯美海岸线，2 个国际标准的 18 洞高尔夫球场，涵括卓美亚、JW 万豪、希尔顿、等 6 家超 5 星级国际酒店、多国风情温泉谷、2 家游艇会、海洋体验展览馆、民族风情村等。该项目从整体规划到产品设计、质量监管，均以国际标准为尺度，致力将雅居乐·清水湾打造成为一个复合性滨海旅游度假项目，比肩世界著名旅游度假胜地	2009 年 4 月，雅居乐与北京中原强强联合，清水湾登陆北京市场;2009 年全年销售 94 套；经过这一年，清水湾项目在北京站稳了脚跟，成功实现了软着陆;2010 年，政策不利的情况下在中原人的共同努力下，北京展厅全年实际销售额 2.34 亿的佳绩；2011 年，在市场情况进一步恶化下，中原团队动用一切可动用资源：联动、活动、巡展、外联等，为项目蓄客；最终清水湾北京展厅累计成交 49 套，销售金额 1.27 亿	北京中原团队于 2009 年至今，一直服务雅居乐海南清水湾项目，赢得了发展商与客户的一致认可置业顾问的优秀服务为团队赢来了极好的口碑；对于客户的每一个问题都悉心解答；站在客户角度，为客户推售最合适的户型；有的置业顾问与客户成为了朋友；甚至出现客户已在海南订房，接受过我们的服务后要退房在北京重订的现象

投资类

项目名称	项目介绍	中原优势体现	客户认可度
保利 罗兰香谷	保利罗兰香谷属保利地产花语系产品，位于京藏高速沙河出口西 300m，建面 15 万 m^2，主力 85~90m^2 2 居、3 居产品，主要面向刚需客户；项目内部配套 2000m^2 商业，伊顿国际双语幼儿园等	1. 2012 年初中原提议“抢先特价开盘”策略破局昌平市场冷淡态势，开盘两周售罄三栋楼，3、4、5 连续 3 月荣膺昌平区销冠，助力北京保利地产获上半年销售额第 1 名！ 2. 凭借强大的执行力，2012 年销售业绩超越联销团队！ 3. 中原策划团队凭借对社会热点、竞品动态敏锐的观察力为开发商提供了新颖的线上线下活动建议及推广渠道建议；4. 中原一二手联动措施为罗兰香谷提供了强大的客源	1. 专业性强 2. 市场敏感度度高，具有一定预测性 3. 团队协作度高，各类信息反馈及时 4. 执行力、责任心强
玲珑天地	金隅大成·玲珑天地位于海淀区西四环北路和玲珑路交汇处，总占地面积 29781m^2，总建筑面积 88197m^2，项目为集奢尚空间、时尚商业、商务办公为一体的综合体项目，建筑结构为框架剪力墙式的联体建筑，分为 A、B、C、D 4 座；玲珑天地多种产品于一身，尽显西部独特的经济人文品味，为西部地区崭新的城市综合体地标	本案为西四环轨道交通沿线的地标级城市综合体，包含多种业态形式；中原地产对于写字楼、商业产品有着丰富的市场运作经验，尤其是商业产品的操盘能力在同行业中绝对称的上佼佼者，成功将 B、C 两座写字楼分别整售给中国电子设计院和北京奥特舒尔保健品有限公司两个大客户；利用中原地产内部多渠道资源整合利用，以及大量的三级市场资源，完成了项目的热销	开发商对我们半年内坚持不懈跟进大客户为其提供精准定位及分析而达成了最终的成功签约，2 栋写字楼达成整构的情况高度认可，对我们的团队能力及服务多次称赞，从而达成开发商的下一个项目直接签约北京中原。

投资类

项目名称	项目介绍	中原优势体现	客户认可度
正源广场	金隅大成·玲珑天地位于海淀区西四环北路和玲珑路交汇处，总占地面积29781m^2，总建筑面积88197m^2，项目为集奢尚空间、时尚商业、商务办公为一体的综合体项目，建筑结构为框架剪力墙式的联体建筑，分为A、B、C、D 4座。玲珑天地多种产品于一身，尽显西部独特的经济人文品味，为西部地区崭新的城市综合体地标	本案为西四环轨道交通沿线的地标级城市综合体，包含多种业态形式；中原地产对于写字楼、商业产品有着丰富的市场运作经验，尤其是商业产品的操盘能力在同行业中绝对称的上佼佼者，成功将B、C 2座写字楼分别整售给中国电子设计院和北京奥特舒尔保健品有限公司2个大客户；利用中原地产内部多渠道资源整合利用，以及大量的三级市场资源，完成了项目的热销	开发商对我们半年内坚持不懈跟进大客户为其提供精准定位及分析而达成了最终的成功签约，2栋写字楼达成整构的情况高度认可，对我们的团队能力及服务多次称赞，从而达成开发商的下一个项目直接签约北京中原
红杉一品	项目位于顺义站前街，位居顺义核心商圈，建筑面积约7.2万m^2，产品由中高端住宅及部分公寓组成，户型为60~160m^2 1居至4居，以及部分240m^{2}跃层产品	项目位于顺义站前街，位居顺义核心商圈，建筑面积约7.2万m^2，产品由中高端住宅及部分公寓组成，户型为60~160m^2 1居至4居，以及部分240m^{2}跃层产品	销售人员专业度高，对客户态度耐心细致，销售现场整洁舒适，现场活动气氛活跃，在这里购房放心，踏实

（三）　商业楼宇部

商业楼宇部是具有丰富实操经验的专业团队，致力于写字楼、商业项目的营销与策划，拥有数千个写字楼盘源、数以万计的客户档案，以及大量的战略合作商户资源，可以为项目前期策划、后期租售及招商提供强大的客户支持。中原地产独家代理的高端商务楼宇项目众多，分布于CBD、金融街、中关村、长安街、燕莎等几大核心商圈，包括地标性建筑银泰中心、佳程广场、新保利大厦等顶级写字楼。

秉持“为客户提供国际化水准的专业服务”，商业楼宇部积极开拓写字楼和商业的买卖、租赁市场，立足于市场，服务于客户，通过自己专业的团队，周密的市场研究体系，长期积累的品牌客户，逐渐形成了一套完整的服务体系，为我们的客户提供完善可行的服务，并以开发商的认可作为我们最高荣誉。

1. 商业楼宇部业务范围

商业楼宇部提供前期顾问服务、后期营销服务2种服务模式：

（1）前期顾问服务：写字楼及商业物业的市场研究、 市场定位、产品策划、投资分析、营销推广商业楼宇部为客户提供的研究策划咨询服务范围包括：

- 为投资客户搜寻商业楼宇投资地块的投资机会，提供投资分析，促成商业楼宇项目前期大宗交易；
- 为开发商提供专案市场调研、项目可行性分析、市场定位及产品定位研究；
- 为开发商担当营销推广顾问，提供营销知识培训、编制全程推广策划方案、在推广期内全程跟进即时支持。；
- 为国内外企业提供个性化地产顾问服务、办公选址、专业方案制定；
- 为社会各界提供写字楼市场动态资讯，如北京市写字楼市场分析季报。

（2）后期营销服务：营销顾问、销售/租赁代理、商业招商

2. 商业楼宇部经典案例

PICC 大厦、光大国际中心、北京 LINK、国投财富广场、勒泰中心（石家庄）、嘉禾•国信大厦、北京城建•泰和国际大厦、世茂大厦、华彩国际大厦、港中旅大厦、华远企业号、长安兴融中心、佳程广场、新保利大厦、北京银行大厦、北京国际中心、西环广场、卷石天地大厦、CBD 国际大厦、中环世贸中心、泰达时代中心、人济大厦、第三区、盛世龙源国食苑、六佰本、锦绣大地物流港、国盛中心、远洋中服 Z6 地块前期顾问、HNA MALL 前期顾问、北京万柳国际创新中心前期顾问、嘉美风尚中心前期顾问等。

3. 商业楼宇部服务过的知名开发商

金融街控股、中国光大房地产开发公司、PICC 人保集团、华远地产集团、保利地产、北京佳程房地产开发有限公司、天地控股、中非地质工程堪查研究院、空港天瑞、北京嘉轩房地产开发有限公司、SOHO 中国、北京建工置地房地产开发有限公司、万柳集团、中粮集团、北京城建集团、远洋地产控股有限公司、海航集团、星狮地产集团、北京北辰实业股份有限公司、大东煌集团、万科集团、绿地集团、招商局集团、国浩集团、北京天地控股有限责任公司等。

（四） 工商铺部

北京中原工商铺部自 1995 年成立以来，一直致力于为办公客户及商业客户提供全面专业的选址、投资顾问服务。在激烈的房地产代理行业竞争中，我们一直坚持以“为客户创造更多价值”为原则，稳步发展，以良好的信誉和稳健的风格赢得了广大客户的信赖。目前已成为北京市场极具规模及影响力的专业性二手写字楼及商业代理，并通过积极地开拓市场，逐渐形成了一套完整的服务体系，积累了数百个项目的盘源及数以万计的客户档案。近年来，成交量居北京代理行业前列。

工商铺部目前下设写字楼部、商铺部、后勤部，写字楼业务涉及中高档写字楼租赁、买卖、物业托管服务等。商业涉及项目分析、市场定位、目标客户定位、产品设计、营销推广策略及商场招商、经营管理策略等方面的工作。

2011—2012 年部分业绩	
夏普（中国）投资有限公司租凤凰置地广场	3144.09m²
中国农业银行朝阳支行租国际财源中心	3577.27m²
北大英华科技有限公司租中关村大厦	4000m²
北京巨鑫联盈科贸有限公司租鹏睿大厦	9356.22m²
广东佛山科贸有限公司租东城区商铺	7255.7m²
北京天天放送文化传播有限公司租红领巾公园独栋	2200m²
长安汽车有限公司租十月香山	3763m²
北京中油瑞飞信息技术有限公司租雍和大厦	3918.87m²

（五） 三级市场部

北京中原三级市场部成立于 2002 年 7 月 1 日，直营连锁地铺覆盖京城各大中高档商品房社区。作为北京中原最大的营业部门，三级市场部业务范围涉及：各类房屋租赁及买卖、一手项目尾房的代理销售、房产评估咨询和产权过户、提供快捷的二手房各类型按揭贷款、转按揭贷款以及房产抵押消费贷款等金融服务，并为购房者随时提供免费的房产法律知识咨询等服务。同时基于中原集团一、二手房整合联动的独有资源优势，我们可以为广大客户提供集团代理的全国一手房项目信息，并为客户提供便捷的购买渠道。秉承中原集团 30 余载“公开资讯、公平交易”的原则，北京中原三级市场部始终如一的恪守精诚服务之志，不断创新发展，致力于为我们的顾客提供最优服务，创造更多价值。

三、北京中原荣誉榜（2011—2012 年）

北京中原获
“最佳地产服务商”称号
获奖时间：2012 年 1 月
主办单位：安家传媒

北京中原获“领军人物”称号
获奖时间 2012 年 1 月
主办单位：搜狐 、焦点网

北京中原获“品牌机构”称号
获奖时间：2012 年 1 月
主办单位：搜狐、焦点网

四、北京中原大事记

（一） 拓展活动

公司各部门经常组织拓展活动，激发团队热情强化战胜困难的决心与毅力，在快乐与紧张的气氛中增进员工交往。明确团队目标，加强团队合作精神，使企业文化充分融入到每个人的思想当中去。

2011 年 8 月三级市场综合事业通兴部森林公园拓展

2012 年 5 月 12 日北京中原商业楼宇部团建拓展活动

2012 年 5 月 15 日三级市场综合事业通兴部怀柔拓展

（二） 文化活动

2011 年 8 月三级市场综合事业通兴部举办“进驻社区 精耕细作”社区文化活动。意在增进社区内业务员与客户和业主的感情促进交流同时增加房源和客户数量。

2011 年 8 月三级市场综合事业通兴部举办”进驻社区 精耕细作”社区文化活动

2011 年 9 月 8 日 北京中原工商铺部 vs 北京中原理财公司篮球友谊赛

2011 年 9 月 1 日的中原日活动“原来一家人”。
这天，各分行门店以创作对联的形式来共同庆祝中原日

为了给公司提供优秀人才，同时给应届毕业生提供一个工作机会，
2011 年 10 月人事部在首都经济贸易大学、联合大学应用文理学院、首都师范大学进行校园招聘活动

2012 年 2 月 9 日 北京中原年会在北京大学邱德拔体育馆举行

（三） 新开盘及一、二手联动

2011 年 9 月 25 日住宅管理三部金茂府项目二期火爆开盘

2012 年 3 月 9 日北京中原商业楼宇部国投广场项目推介会北京国投方诚资产管理有限公司及北京中原商业楼宇部共同举办的国投财富广场业内品鉴暨合作洽谈会盛装启幕，活动吸引了数十家知名代理行近 200 名业内精英参加。

2011 年 9 月 23 日北京中原商业楼宇部石家庄勒泰中心项目盛世开盘。勒泰中心作为省级地标性建筑开盘现场人头攒动吸引了众多石家庄市民的眼球。

2011 年 10 月 31 日北京御翠尚府中原誓师大会

注：中原集团很荣幸地能够与《财富》全球 500 强的和记黄埔合作。和记黄埔与中原地产，共同从香港起源，在全国分别创造了众多的叫好又叫座的项目。我们携手并肩，共同迎战逸翠园二期——御翠尚府项目。北京中原将最大程度的发挥我们的专业与优势，集二级市场与三级市场的强大力量，共同誓师，创造御翠尚府的辉煌。

2011 年 10 月 24 日北京中原商业楼宇部国投广场项目开盘

2011 年 11 月 19 日住宅管理二部山语城开盘

2012 年 3 月 18 日，由北京中原商业楼宇部独家代理销售的“勒泰中心”正式封顶，这个项目投资总额超过 40 亿元人民币的北方最大都市型城市综合体在年内有望投入运营。作为河北省重点项目，石家庄市重点推进的 20 个商贸服务项目之一，该项目的建成，将成为石家庄的城市名片，极大地提升石家庄的城市形象。能够独家代理这个项目，也是对于北京中原品牌认知度的肯定和专业性的又一次质的飞跃！

2011 年 12 月 6 日 三级市场部一、二手联动表彰会

（四） 交流总结

公司各部门经常组织交流学习，增加员工技能拓展视野，认识到自己身上的不足，寻找工作当中遇到的困难。同时也能增进中原公司不同部门间的交流，为自己今后的工作开拓思路。

2012 年 4 月 10 日重庆中原来京交流

2011 年 12 月 9 日北京中原商业楼宇部联合大厦交流会

2011 年 12 月 11 日住宅管理三部首届经理沙龙在昆泰大厦举行

天津中原物业顾问有限公司

一、公司简介

天津中原物业顾问有限公司成立于2001年10月，是中原集团在天津投资的港商独资企业。拥有分行近百家，业务范围包括市场拓展、市场调研及定位、规划顾问、项目可行性分析报告、策划营销、销售代理及房地产中介服务等。同时，天津中原积极开拓市场、发展各项业务，在信息咨询、项目投资转让以及客户综合服务等方面取得了长足的进步，逐步向“专业化成熟的房地产综合服务商”的目标加速发展。

凭借10年积累的市场销售经验，先进的组织管理模式、科学的数据、信息采集分析系统以及全体员工的全心努力，天津中原不断扩大其在一、二手市场的占有率，为房地产项目发展商、中、小业主与所有客户提供更为全面的专业服务。

近年来，天津中原与和记黄埔、精瑞置业、华润置地、振业房地产、招商地产、信置地产、美克置地等发展商开展积极合作，营销代理了都会轩、国耀上河城、和平时光、金泰丽湾、芥园、荔城公馆、华润中央公园、振业城中央、香年广场、招商雍华府、华润橡树湾、招商钻石山、第六城、美克嘉美湾等项目，物业种类由住宅公寓、写字楼、商铺到别墅，分布于天津东南西北各个区域，在天津房地产市场上逐步树立了“皇牌代理、信心标记”的品牌形象。

在激烈的房地产代理行业竞争中，天津中原坚守“为客户创造更多价值”的原则，展开房地产代理“一、二手联动”，以优异的销售业绩赢得了众多发展商和客户的信赖。而今我们更是厚积薄发，在稳固现有成果地同时，不断开拓进取，一、二手业务齐头并进，精益求精。

“凭创见，走到更前”，是我们始终不变的宗旨！理性地认识市场，并致力于培养一支高素质的、有丰富专业知识的地产综合服务团队是我们不断的追求！我们相信在天津中原全体的共同努力之下，我们的品牌会愈加迅速的成长，在成为品牌翘楚的同时领跑房地产服务行业！

二、主要部门简介及服务案例

（一）　投资顾问部业务简介

天津中原投资顾问部拥有强大的房地产供应与需求数据库，包括宏观信息、土地、住宅、写字楼、商铺、酒店及酒店式公寓6大数据库。凭借其完善的数据分析系统及优秀的投资分析人员，定期向社会公众提供准确的市场信息，为房地产经营者及各类投资决策提供可靠的论据，以及具有市场价值和前瞻性的专业分析成果。常规服务内容有：城市及功能区顾问内容、土地及项目转让顾问内容、项目评估业务、主题地产顾问、房地产调查及分析业务、地产项目顾问咨询。

在当今竞争越来越激烈的市场经济中，掌握市场信息成为企业成败的前提条件。天津中原始终坚持掌握市场第一手资料的强烈意识，加上对天津房地产市场的透彻了解和敏锐的洞察力，定能为客户提供强有力的支持。

投资顾问部服务案例

时间	项目名称	开发商
2010 年	生态城市场研究报告 30 号地	生态城投资开发有限公司
	深圳星河大港项目	深圳星河（丰泽湖山庄有限公司）
	五矿大学城项目	五矿集团
	松江高新区项目	天津松江地产投资有限公司
	百胜餐饮集团物业购置项目	百胜餐饮集团
	安道思办公楼项目	福科斯（天津）置地有限公司
	生态城物业市场研究报告	生态城投资开发有限公司
	东丽湖可研及定位	滨海信达地产
	青岛海尔天津营门口项目研究报告	青岛海尔地产集团有限公司
	生态城长期数据服务报告	生态城投资开发有限公司
	亚泰响锣湾项目	吉林亚泰房地产开发有限公司
	保税区公寓项目	天津安邦在线投资有限公司
	河西、河北可行性项目报告	天津市金茂投资发展有限公司
	土地市场投资价值分析	金融街津门（天津）置业有限公司
	松江张贵庄 A 地块市场研究报告	天津松江地产投资有限公司
	北塘项目研究定位策划方案	天津海泰英才投资有限公司
	滨海国际森林庄园项目前期策划服务	金建（天津）置业投资有限公司
	天津东丽华明地块研究顾问报告	天津星华府置业有限公司
	天地源津南区北闸口项目策划顾问	天津天地源置业投资有限公司
2011 年	天津小白楼项目研究顾问报告	五矿置业（天津）滨海新区有限公司
	天津武清地块研究顾问报告	万城建基置业（天津）有限公司
	生态城项目天津物业市场研究报告	中新天津生态城投资开发有限公司
	天津中新生态城 28 号地物业发展顾问服务	中新天津生态城投资开发有限公司
	百胜中原购买物业更新评估合作协议	百胜餐饮集团
	英皇集团滨海新区项目策划顾问	英皇（北京）房地产开发有限公司
	松江生态武清高村项目信息咨询服务	天津市松江生态产业有限公司
	唐家口项目可行性研究	中储发展股份有限公司天津唐家口分公司
	金融街战略投资研究报告	金融街津塔（天津）置业有限公司
	星河天津西青项目市场研究	深圳丰泽湖山庄有限公司
	一纺机项目市场定位策划报告	海河领亿置地投资发展有限公司
	天津翰吉斯静海项目策划顾问	天津海吉星农产品物流有限公司
	天津南市三角地项目市场及收益测算报告	金融街津塔（天津）置业有限公司
	收购天津睦南道 52 号项目可行性研究报告	五矿置业（天津）滨海新区有限公司
	鸿坤天津市宝坻区京津新城地产项目	天津新鸿房地产开发有限公司
	天津钢材市场调研报告	重庆大川集团房地产开发有限公司
	麻辣诱惑天津大悦城选址项目可行性研究	天津中道餐饮管理有限公司
	星河天津西青张家窝项目市场研究定位	天津市星河城置业有限公司

（二） 二级市场项目住宅部业务简介

二级市场住宅部分为市场拓展、策略中心和事业部。其中，市场拓展部和策略中心主要为事业部即一线销售团队提供技术支持。

策略中心主要负责完成项目规划、开盘准备、开盘销售。整合市场研究成果，掌握市场前沿资料，针对不同类型的物业提供项目整体策划报告，包括市场定位、客户定位、制定价格策略、销售策略和总体营销策略等，并将随时关注市场变化，适时调整运营方案，以强势成熟的项目操作经验配合中原的销售团队。

市场拓展部业务范围

- 负责公司所有一手项目的接洽、沟通、协调、对接等工作
- 针对开发商的服务需求，综合市场、业界等各方因素整合调动公司各部门资源。为房地产开发商定制前期市场调研、项目产品策划、房地产营销与广告策划、商品房销售代理等各项服务
- 深入研究市场形势，多渠道掌握业界动态，有效协助房地产开发企业制订出应对市场变化的阶段性调整策略等工作
- 各开发商的日常联系沟通工作
- 塑造中原品牌形象，提升中原在业内的知名度与认可度
- 业内资讯以及国家政策的解读

事业部

- 依靠市场拓展部和策略中心的支持，执行具体的销售代理服务

二级市场项目住宅部服务案例

项目名称	开发商	项目面积
金泰丽湾	天津金泰地产投资集团有限公司	35 万 m^2
都会轩	和记黄埔地产（天津）有限公司	10 万 m^2
国耀上河城	天津市国耀集团置业有限公司	32 万 m^2
芥园	天津市希望投资发展有限公司	2.2 万 m^2
荔城公馆	信义房地产开发 (天津) 有限公司	20 万 m^2
和平时光	天津洪建置业投资有限公司	12 万 m^2
华润中央公园	华润置地（天津）有限公司	16 万 m^2
振业城中央	天津市振业房地产开发有限公司	20 万 m^2
招商雍华府	招商地产、九龙仓地产	12 万 m^2
华润橡树湾	华润置地 (天津) 有限公司	71 万 m^2
香年广场	花样年集团	5.6 万 m^2
招商钻石山	招商房地产开发有限公司	31 万 m^2
第六城	天津优联投资发展集团有限公司	35 万 m^2
美克嘉美湾	美克置地	23 万 m^2
喜年广场	花样年集团	14 万 m^2
茂悦府	世茂集团	27 万 m^2
创智天地	天津河西房地产开发有限公司	10 万 m^2

（三） 三级市场业务简介

天津中原三级市场部主要从事二手房代理业务，目前在天津市场开设近百家分行，近年来，天津中原三级市场部呈飞速发展，在天津房地产行业中居领先地位。

天津中原三级市场部秉承“公开资讯、公平交易、诚信为本、不吃差价”的服务理念，本着“以人为本、以客为尊、团结高效、创新进取”的经营宗旨为客户提供专业的中介代理服务。近年来，三级市场部除保持原有二手房业务稳定的地位以外，更注重发展联动业务，一、二手业务齐头并进。

目前我们签订了多项商品房代理项目，在代理过程中一如既往保持良好的服务品质，受到了客户和开发商的一致好评。市场占有率方面稳居前列，并获得天津市民及政府、媒体的普遍认可与好评！

三级市场部代理项目一览

项目名称	开发商	面积（m^2）	销售业绩（元）
时代奥城	天津融创奥城投资有限公司	15729.35	3884089.98
北斗星城	天津经济技术开发区房地产开发公司	2486.96	260000.00
丽港大厦	天津海津置地投资有限公司	572.36	112581.88
仁恒海河广场	仁恒发展（天津）有限公司	14031.87	3598186.044
仁恒河滨花园	仁恒发展（天津）有限公司	5070.54	1276810.56
海逸长洲	天津融创置地有限公司	11962.23	2331825.96
红磡领世郡	天津红磡房地产开发有限公司	9563.46	1153941.95
星美御	天津翔驰投资有限公司	11394.25	4699817.75
北宁湾	天津赢超房地产开发有限公司	18389.08	3309587.36
远洋风景	天津宇华房地产开发有限公司	26840.52	3260034.98
远洋万和城	远洋地产有限公司	1977.68	220114.65
王府壹号	天津融创名翔投资发展有限公司	2348.37	922595.03
津门智都	天津九胜投资发展有限公司	1065.63	426252.00

三、社会责任

- 天津中原爱心助成长捐赠活动

时间：2010 年 11 月 4 日

地点：天津市宝坻区大宝庄小学

事件：牛家牌乡的大宝庄小学校舍简陋，小朋友们在堆满蜂窝煤以及墨刷的黑板上课，运动设施几乎没有，操场上只有 2 个没有篮网的篮球架……了解到这种情况后，天津中原爱心社成员及天津中原全体同仁为大宝庄小学募集爱心助学金 22640 元，用于购买图书、文具、体育器械等学习用品，并资助 10 名品学兼优的小学学生。

天津中原爱心助成长捐赠仪式继捐赠物品

■ 天津中原救助王培志爱心基金行动

时间：2010 年 11 月 16 日

事件：王培志，天津中原三级市场部某分行经理，加入公司 2 年多，工作其间，尽职尽责，在领导和同仁中树立了极高的威望。一次偶尔身体的不适去医院检查，却被查出是先天性障碍贫血。天津中原企划部得知此事后号召全体同仁成立了救助王培志的爱心基金倡仪书。此倡议书一发，短短一日便筹集到 39850 元。3 日后，王培志确诊为肝炎型重度再障贫血，全体同仁又再次捐款帮助其治疗。虽然最终病魔还是带走了他，但是中原同事给予的温暖仍伴随他走完人生的最后一段路。

感谢信

王培志生活照及其给天津中原的感谢信

四、行业地位及荣誉榜

目前天津中原已成为天津市极具规模及影响力的专业性房地产代理咨询机构，并通过天津市房屋土地管理局房地产中介代理机构资质认证，在房地产业内赢得了良好的声誉并得到了津门百姓的普遍认可。在津发展的十余年中，天津中原市场占有率逐年攀升，现已发展成为代理项目众多、部门齐全、颇具规模和影响力的房地产综合服务代理商，荣获“天津市房地产经纪最具影响力企业 10 强”、“天津市优秀房地产经纪公司”、“功臣企业”、“明星企业奖”、“天津房地产销售员大赛冠军”、“品牌经纪‘金桥奖’机构奖”、“天津房地产品牌中介 TOP10 第 1 名”等奖项。

2011 年度天津房地产经纪行业最具影响力品牌机构
——2011 年，搜房网

2011 年度天津房地产经纪行业最具影响力领军人物
——2011 年，搜房网

2011 中国地产经纪年度品牌机构奖——2011 年，搜狐焦点网

天津都会轩代理销售冠军——2011 年

搜房网络旗舰店 ——2011 年，搜房网

和平区功臣企业荣誉称号——2011 年，和平区人民政府

南开区重点企业奖——2010 年，南开区人民政府

南开区重点企业奖——2010 年，南开区人民政府